中國傳奇

一生不能錯過的

傳奇

故事集

益智館 39

一生不能錯過的中國傳奇故事集

編著　周聖凱
責任編輯　賴美君
封面設計　林鈺恆
美術編輯　王國卿

出版者　培育文化事業有限公司
信箱　yungjiuh@ms45.hinet.net
地址　新北市汐止區大同路 3 段 194 號 9 樓之 1
電話　（02）8647-3663
傳真　（02）8674-3660
劃撥帳號　18669219

總經銷：永續圖書有限公司

永續圖書線上購物網
www.foreverbooks.com.tw

法律顧問　方圓法律事務所　涂成樞律師
出版日期　2020 年 03 月

國家圖書館出版品預行編目資料

一生不能錯過的中國傳奇故事集／周聖凱編著.
--初版.--新北市 ： 培育文化,民109.03
面；公分. -- （益智館系列：39）
ISBN　978-986-98618-2-3（平裝）

539.52　　　　　　　　108023309

一生不能錯過的 中國傳奇 故事集

魚美人

　　子游與當朝宰相金寵的女兒牡丹自幼訂有婚約。這天恰好是宰相生日，子游原本打算直接進入相府認親，卻被門口的金家總管當作乞丐拒之門外。子游無奈，只有先去仙鶴觀找堂本剛幫忙，暫時借住在觀中。

　　宰相之女牡丹在荷花池旁彈琴，表妹小蠻隨侍在旁，荷花池中有牡丹從小就飼養的金鯉魚和銀鯉魚，正當牡丹彈琴時，荷花池中小金鯉——小蓮，經過五百年漫長時間的修練終於成精了。

　　小蓮的母親春花是一條修練三千年的鯉魚，她最大的心願就是有朝一日小蓮能和她一起飛昇仙界，但是活潑調皮的小蓮卻只想快快樂樂的生活。剛剛修練成精的她被宰相府熱鬧的場面所吸引，想離開沉悶的水底世界

遊戲人間，小蓮看到牡丹房內諸多的首飾、珠寶，又有許多奴婢伺候，不禁羨慕起牡丹的生活。

子游來到相府，向金寵表明身分，不料金寵嫌貧愛富，眼見子游父母雙亡、家道中落，仍是一介白衣，不僅有退婚之意，更要將女兒另嫁將軍之子江雲飛。熱情善良的小蓮化作彩蝶，將子游引至後花園與牡丹相會。

兩個年輕人一見鍾情。此時牡丹也得知父親意欲悔婚，她不願背信棄義，因此私會子游，鼓勵他金榜題名娶自己。小蓮看著一對有情人山盟海誓，深受感動。自此，子游和牡丹常在小蠻安排下約會，偶有險境，亦得到小蓮暗中施法解困，安然渡過難關，想不到此事卻被江雲飛察覺。

江雲飛一直想透過兩家聯姻鞏固自己在朝廷中的勢力。因此，他一面不露聲色地穩住牡丹與子游，表示願為了牡丹的幸福而成全二人，另一面卻又和金寵密謀設計陷害子游，離間二人感情，金寵假借子游傷風敗俗之由，痛打子游，軟禁牡丹，牡丹憂心如焚，抑鬱成病，藥食無靈，一對有情人被活生生拆散。

小蓮為子游和牡丹之事又氣又急，衝動之下附上了牡丹的身體，帶她去找子游。牡丹突然出現在子游面前

並向他提出私奔，子游大驚，認為私奔有違禮教，有辱自己的名聲，小蓮被子游的迂腐氣得半死，便出手打了子游一頓，之後索性把子游打量，讓他以為做了一場夢。小蓮附在牡丹的軀體內，帶她回相府，此時相府已發現牡丹失蹤，金寵更因懷疑牡丹離家出走而震怒。

子游在山神廟內吹笛排遣心中鬱悶，小蓮又以牡丹的模樣出現在子游眼前，說自己決定要做子游的妻子，現在就與他拜堂成親，然後洞房花燭。子游驚詫，大叫使不得。

小蓮收起頑皮本色，告訴子游這其實是個夢，她是牡丹的另一面，是特意來向子游報信的，因為她現在在家中病重垂死，而且很快就要嫁給江雲飛，很想見他一面，子游一覺醒來，決定去相府一探究竟。子游扮做侍衛想混入相府，小蓮小施法術，使子游順利混入府中。

牡丹見到子游，如在夢中，又驚又喜。堂本剛為二人真情所動，決定鼎力相助二人私奔。不料卻被江雲飛發現，金寵欲置子游於死地。

小蓮潛進開封府大牢，又以夢中牡丹的身分出現在子游面前，叫子游無論如何要去搶新娘，神仙會帶他和牡丹遠走高飛，子游醒來，似幻似真，但見囚室門竟然

大開，子游以為真有神仙相助，順利逃出大牢。

第二天，氣若游絲的牡丹在小蠻的攙扶下上了花轎，子游與堂本剛來劫花轎，雙方大打出手，子游在春花、小蓮的幫助下，終於劫走了花轎。子游帶著花轎來到安全地帶，打開轎門，只見小蠻抱著沒有知覺的牡丹滿面淚水，原來牡丹已在轎中香消玉隕。

小蓮萬萬沒有料到子游和牡丹竟是這般結局，心有不忍，竟不顧春花阻攔，毅然飛身進入牡丹體內。牡丹在子游懷中悠然醒轉過來，子游驚喜萬分。此時，雲飛帶兵趕到，小蓮施法將子游帶至千里之外的深山中。

小蓮怕子游無法面對牡丹死亡的事實，在施法保存牡丹屍身後，決定幻化成牡丹模樣安慰照顧他。子游醒來，發現自己與「牡丹」身處山中十分不解，小蓮以牡丹身分騙他說是神仙搭救了他們。自此，一個鯉魚精和一個忠厚的書生就有模有樣地談起了戀愛。

沉香劈山救母

　　漢代有個叫劉向的書生，有一年上京趕考時，路過華山便順道遊覽了一番。華山上有一座神廟，廟神華岳三娘是一位美麗善良的仙女，自從被王母娘娘派遣到華山後，一直過著孤獨寂寞的生活。

　　這天，她正在廟中吟歌曼舞，消磨時光，突然發現一個書生跨進了廟門。她急忙登上蓮花寶座，化為一尊塑像。走進大殿的劉向馬上就被三娘俊麗、溫柔、安閒的塑像，深深吸引住了，心想要是能娶她做妻子該有多幸福啊！可惜這只是一尊沒有情感知覺的雕像。劉向懷著深深的遺憾，抑制不住內心的激動，取出筆墨，深情地在牆上寫了一首詩以表達自己對三娘的愛慕之情。

　　三娘默默地看著這一切，心中不禁百感交集。面前

這個書生多麼英俊倜儻，文采斐然，他對自己滿懷深情，而自己又何嘗不被他深深吸引呢？可是，一個是上界仙女，一個是下界凡人，又哪能締結姻緣呢？目送悵悵離去又依依不捨的劉向，三娘再也不能平靜了。

她沉吟再三，終於決定不顧天條禁令，要與劉向結為夫妻。於是，三娘便化為一民間女子，追上劉向，向他道出了真情，從此二人兩情依依，結為伉儷，恩愛無比。劉向考期將臨，三娘已有孕在身，依依惜別之時，劉向贈給三娘一塊祖傳沉香，說日後生子可以「沉香」為名。

二人十里相送，難捨難分。劉向在京城一舉中榜，被任命為揚州府巡按。就在他走馬上任之時，華岳三娘卻面臨了一個大難題。原來，這時正值王母娘娘生日，在天宮大辦蟠桃會，各路神仙均來赴會祝壽，可是三娘有孕在身，便推說染病而留在華山。誰知，三娘的哥哥二郎神知道真相後，勃然大怒，責怪妹妹私嫁凡人，觸犯天條律令，要捉她上天受懲罰。

三娘一身正氣，毫不畏懼，況且她隨身還有一件王母娘娘所贈的寶物──寶蓮燈，此物是三娘的鎮山之寶，無論哪路妖魔，哪方神仙，只要寶蓮燈大放異彩，都會被震懾懾服，束手就擒的。二郎神自知不敵，就命

令自己的天犬乘三娘休息之際，將寶蓮燈偷盜而出。就這樣，可憐的三娘就被二郎神壓在華山下的黑雲洞中。

三娘在暗無天日的洞中生下了兒子沉香，為防不測，她偷偷懇求夜叉，將兒子送到揚州，留在其父劉向身邊。沉香長大了，漸漸懂事了，知道了母親被壓在華山下受苦，就一心想救出母親三娘。他把想法對父親說了，無奈劉向也只是一介文弱書生，只有歎氣搖頭。於是沉香便獨自離家，去找母親。

他吃盡了千辛萬苦，終於走到了華山。可是母親在哪裡呢？這個只有八歲的孩子，不知所措，放聲大哭起來。淒厲痛苦的哭喊聲，在空谷迴盪，驚動了路過此地的霹靂大仙。好心的大仙，問明情由，深為善良的三娘和受苦的孩子鳴不平，但卻又無可奈何。於是他先將沉香帶回自己的住所。

沉香在大仙的指點下，刻苦認真的學習，漸漸學會了六韜三略、百般武藝、七十三變。十六歲生日那天，沉香向師父辭行，要去華山救母，臨行前，大仙贈給他一柄萱花開山神斧。

於是沉香騰雲駕霧，來到華山黑雲洞前，他大聲呼喚娘親，聲聲穿透重重岩層，傳入三娘耳中。三娘不由心情激盪，百感在心，她知兒子已長大成人，一片孝心

來救自己，激動不已，就將沉香喚到洞前。三娘自知哥哥二郎神神通廣大，當年大鬧天宮的孫悟空也敗在他手中，沉香又年幼，況且二郎神還盜去了寶蓮燈，兒子哪能是的他對手呢？所以，三娘叫沉香去向舅舅求情。

沉香飛身來到二郎神廟，向二郎神苦苦哀求，誰知二郎神鐵石心腸，不但不肯放出三娘，反而舞起三尖兩刃刀，要向沉香下手。沉香怒不可遏，覺得二郎神欺人太甚，便掄起神斧，與他打起來。

兩人雲裡霧裡，刀來斧往，山裡水裡，變龍變魚，從天上殺到地上，再從人間殺回天宮，直殺得山搖地動，翻江倒海，天昏地暗。這件事驚動了太白金星，派了四位大仙去看個究竟。

四仙姑在雲端裡看了一陣，覺得二郎神身為舅舅，竟如此凶狠的對待一個孩子，實在太無情無義了。於是相互使了眼色，暗中助了沉香一臂之力。沉香越鬥越勇，越戰越神，二郎神再也招架不住，只好落荒而逃，寶蓮燈也落入了沉香之手。

沉香立即飛回華山，舉起萱花開山神斧，奮力猛劈。只聽得「轟隆隆」一聲巨響，地動山搖，華山裂開了。沉香急忙找到黑雲洞，救出了母親。整整十六年，受盡了苦難的三娘才重見天日，她與兒子緊緊抱在一

起，百感交集，淚流滿面。

　　後來，二郎神也向三娘、沉香認了錯，沉香也被玉帝敕封了仙職。從此，三娘、劉向和他們的英雄兒子沉香全家團圓，永遠幸福的生活在一起。

03 董永和七仙女的故事

　　古延陵孝德鄉有條直溪河，河的北端與簡瀆河、上新河匯合處有座石拱橋，名叫望仙橋，橋的石板上有對深深的小膝印，傳說這對小膝印就是董永和七仙女的兒子留下的。

　　從前董溪村有個孝子名叫董永，母親早逝，跟父親

相依為命。他家道貧寒，靠替財主做傭工瞻養父親。父親病故後，因為家徒四壁，沒有錢替父親下葬，董永只好跟當地的一個財主借錢葬父，並跟財主約定在財主家做工三年。

董永賣身葬父的事情被天上王母娘娘的第七個女兒——七仙女看見了。七仙女對他的事情很感動，而且也被忠厚英俊的董永打動了，於是她決定下凡幫董永。

一天，在他趕往財主家上工的途中，遇見一個長得十分美麗的村姑，對她一見鍾情，就求她做了自己的妻子。此後，夫妻倆到財主家做工，男耕女織，償還欠債。

那村姑本是玉帝的女兒，是天宮織綢的能手，她僅用一個月的時間織好了三百匹縑帛，還清了董永的欠債，夫妻便雙雙返回延陵董溪村故里，過著夫妻恩愛、幸福美滿的日子。

誰知好景不常，七仙女私下凡塵、私配凡人的事被玉帝知道了，天威震怒，馬上派天兵天將，拆散董永和七仙女，把七仙女抓回天庭，打入天牢。七仙女在天牢裡產下一子，又求她的六個姐姐把親骨肉送下人間，給董永撫養。

董永自妻子被抓回天庭後，鬱鬱寡歡，本已心如死灰，但七仙女把孩子送給他後，董永又當爹又當娘，備

受艱苦，但父子倆相依為命，這也給董永帶來不少安慰。

日子過得很快，小董永轉眼七歲了，董永就把兒子送到鬼谷子開設的學塾中上學。這位鬼谷子是位異人，熟讀經書，精通算學，曾得仙人傳授，能未卜先知。鬼谷子清楚小董永的來歷，對他的穎悟、聰慧更是喜愛不已，想把畢生的學識、本領都傳授給他。

同學們見到先生器重小董永，非常嫉妒，常常用冷言冷語來諷刺他，小董永也不加理睬，獨自勤學苦練不已。一天，有個同學爭辯不過小董永，就狠狠地罵小董永是沒娘的野孩子，小董永受此侮辱，就哭著問鬼谷子道：「先生，我到底有沒有娘啊？」

「怎麼沒有？」鬼谷子答道。

「我的娘在哪裡？我要娘，我要我的親娘！」小董永哭了起來。

鬼谷子被孩子的真情打動了，於是對小董永深情地說：「孩子，你的親娘在天上……」他就把往事一五一十的細講了一遍。

小董永聽完，愣了一會，又抱住鬼谷子流著淚道：「先生，求求您，告訴我怎樣才能見到我的娘。」

鬼谷子想了一下，告訴小董永說：「你要見你娘，就要到鎮的南頭那座小石橋上從早到晚跪七七四十九

天，就能見你娘一面。」

　　小董永盼母心切，果真到石橋上跪下，他不顧早晚冰冷的橋石刺痛膝蓋，也不顧中午似火的驕陽灼疼脊樑，足足跪了四十九天。最後，腿跪的沒知覺了，膝蓋跪腫了，竟然把橋上的石板跪的也凹了下去，留下兩個深深的小圓坑。可是，小董永連娘的影子也沒有見到，就傷心地嚎啕大哭起來。

　　鬼谷子看到此情此景，被小董永一片虔誠心腸感動了，就深深地歎了一口氣，說：「真是個孝子！那我就幫人幫到底，送佛送到西吧！聽好，你在某月某日的黎明時分去到那座石橋上跪著等候，到時候會有七位仙女從橋上走過，當中有位穿綠衣綠裙的仙女就是你的娘。」小董永聽了，破涕為笑。

　　到了那天，天還沒有亮，小董永就老早老早地跪在橋上等候了。

　　盼啊，盼啊！好不容易東方才現出魚肚白，小董永真的瞧見有七位仙女在霞光裡，從橋的東邊冉冉地走了過來，分別穿著紅、黃、青、綠、紫……七色綵衣。小董永好不喜歡，認定其中穿綠衣綠裙的仙女，上前跪在她面前，緊緊抱住雙腿，大聲喊：「娘，我的親娘！我終於見到你啦！」七仙女又驚又喜，激動得不知道如何

是好，她流著淚久久的撫摸著兒子的頭，連連親吻著他的小臉。

最終，七仙女和董永的故事感動了王母娘娘，於是就成就了後來人間的「天仙配」。

04 捉雷公

從前，有兄弟四人：老大叫長手桿，老二叫長腳桿，老三叫順風耳，老四叫千里眼。四弟兄都長得很奇特，都像自己的名字一樣，各有一套本事。他們要是湊在一起，那本事就更大了，幾乎沒有什麼是他們做不到的事情。

　　一天，他們的老媽媽得了重病，聽人說，要吃雷公膽才會好，幾位弟兄就想法子要捉雷公。順風耳豎起長耳朵一聽，就聽到有人說，灶神是個耳報神，有關凡人世間的善惡，他都要到天上去察報，誰要是有了過失，或是糟蹋五穀，天王老子就打發雷公下來懲罰。順風耳把聽到的話告訴了弟兄們，為要給母親治病，大家就商量出一個捉雷公的法子來。

　　長手桿和長腳桿到山上剝了許多滑皮椰，拿來鋪滿屋頂，用水潑得滑溜溜的，又拿了些白米飯，故意糟蹋起來。灶神見了，就立刻到天上去稟報。玉皇大帝聽到有人糟蹋五穀，很生氣，馬上打發雷公來懲罰他。

　　順風耳聽到雷公要來了，千里眼看見雷公動身了，長手桿、長腳桿就準備好。頓時，霹靂火閃，震得天搖地動，雷公怒氣沖沖飛了下來。他滿想一錘一鑱，就把四弟兄的房子砸爛，哪曉得他剛站上房頂，一腳踩到滑皮椰，就從房頂滑下來，摔了個四腳朝天。雷公剛跌倒地上，長腳桿大步趕來，就把雷公捆了。他們奪下雷公的錘子和火鑱，把他關進鐵籠裡，只等找來鹽巴，就取下雷公膽給媽媽治病。

　　長腳桿去東海邊找鹽，三弟兄留在家裡守著雷公。

　　長腳桿剛走，他們三個由於太累，慢慢地都睡著

了。雷公被關在鐵籠裡，正在發愁，恰好有姜良、姜妹兄妹倆挑水路過，他就苦苦央求他們，要一口水喝。兩兄妹見雷公可憐，就答應送他一些水，雷公就拿一顆葫蘆籽送他們，說：「你們把這瓜種連夜種下，就守在旁邊念：『寅時種，卯時生，辰時開花，巳時結瓜。』長出瓜來，你們自有好處。」

雷公說完，接過水，嘰哩咕嚕念了幾句，「噢」的一口噴去，鐵籠「碰」的一聲炸開了。雷公出了鐵籠，搶回他的鐵錘火鑣，轟隆隆、轟隆隆，風風火火地飛上天去了。

雷公跑到天上，在玉皇大帝面前告狀，說世人如何如何可惡，求玉皇大帝放下洪水，淹死世上的人。玉皇大帝聽了就給雷公一瓢水，說：「倒一半，留一半，免得世人斷了後。」雷公吃了虧，哪裡肯聽天王老子的話，便把滿瓢子的水全倒了下來。

再說姜良、姜妹得了雷公送的葫蘆種籽，就連夜把它種下，守在旁邊，「寅時種，卯時生，辰時開花，巳時結瓜。」念個不停。說也奇怪，葫蘆種子馬上就發芽、牽籐、開花、結瓜，很快就長得像個大胖桶。

這時，雷公倒下了滿瓢子的水，地上霎時洪水滔天。眼看著山山嶺嶺，飛禽走獸，連同世間的老百姓，

都要被洪水淹沒了，姜良、姜妹就把葫蘆開了個洞，一齊鑽進葫蘆裡，隨著洪水到處漂流。

長手桿、長腳桿、千里眼、順風耳見雷公逃走了，曉得他一定會來報仇，就商量對付的辦法。順風耳伸長耳朵聽，千里眼觀察動靜。順風耳聽到雷公要放洪水下來把人淹死，就趕緊和弟兄們講了。長手桿和長腳桿急忙找來木頭，紮成了木排。雷公把洪水放下來時，他們坐在木排上，隨洪水漂蕩。

洪水漲呀、漲呀，漲到天了，他們的木排漂呀、漂呀，也漂到了天上，碰到了南天門。

雷公聽到響聲，問：是誰？

他們大聲回答：「長手、長腳，來捉逃脫的雷公。」

雷公聽了，嚇得趕緊鑽到天王老子的屁股底下，戰戰兢兢地說：「天王爺，不得了呀，他們到天上來捉我啦，你趕快把天升高吧！」

天王老子也慌了手腳，一屁股坐下來，把雷公壓得眼睛都鼓出來了（現在有些地方塑雷公的像，都是鼓鼓眼）。天王老子一時沒有辦法，只好把天升得高高的（所以現在的天很高很高）。可是，已經來不及了，他們弟兄四人，已從南天門進到天上來追趕雷公。

雷公東躲西藏，他們緊追不放（如今天上忽而這裡

轟隆隆，忽而那裡轟隆隆，傳說就是他們在捉雷公）。天王老子見洪水淹不死四弟兄，沒辦法，只好下令退水。但潑出的水收不回來，所以他就放出十二個太陽，要把洪水曬乾。十二個太陽就像十二團火，白天黑夜不停地曬，不久就把洪水曬乾了，也把石頭曬得開裂了。

姜良、姜妹回到了地上，熱得難過，就找來桑木做弓、矢竹做箭，順著上天梯爬到樹尖上去射太陽。離太陽越近，就曬得越厲害，姜良爬到樹巔，曬得他喘不過氣來，但他忍受著，鼓著勁，拉滿弓，連射了十箭，把十個太陽射落下來。

姜妹見了忙說：「不要射了，不要射了，留下一個照哥哥犁田，留下一個照妹妹紡花。」姜良才收了弓。哪曉得還有個小太陽嚇得躲在旅炭葉下，後來就變成了月亮。

姜良射落了十個太陽，天王老子嚇壞了，打開天門一看，原來姜良是順著上天梯，爬上去把太陽射落的。他埋怨上天梯長得太高了，就咒罵說：「上天梯，不要高，長到三尺就夠腰了。」所以，後來上天梯就長不高了。

姜良射落了十個太陽，地上涼快多了，也有了白天和黑夜，白天太陽出來，夜晚月亮當空。可是，洪水滔

天以後，地上沒有房屋，沒有人畜，沒有雞鴨，他們重新造房架屋，開田開地，種瓜種豆，種棉種糧。

不久，姜良、姜妹年紀都大了，沒有人來配對成雙，他倆就到處去找。可是怎麼也找不到人，於是他就問竹子，竹子說：「洪水滿天下，世人都死光，你們要配對，你們要成雙，只有兄妹來配上。」

姜良、姜妹走遍天下，問過竹子、松樹和石頭老人，都說沒有人了，只有兄妹成親。姜良為了接後代，就向姜妹提出成親。

姜良、姜妹成親三年，生下一個肉團，無頭無腦像個冬瓜。他倆心裡很煩惱，他們去問烏龜，烏龜說：「你們磨好刀，把它砍破，骨肉分開丟，心肝肚腸分開放。」姜良、姜妹就把肉團砍做幾大塊，骨頭丟在田壩，肉丟在河邊，心肝丟在巖洞邊，肚腸丟在山坡上。第二天起來一看，田壩裡頭到處冒煙，河邊上、巖洞邊有人在走，山坡上有人唱歌跳舞。從此，世間都有了人煙。

杜鵑啼血

　　很早很早以前，位於四川的蜀國有個國王，人們叫他望帝。望帝是個人人愛戴的好皇帝。他帶領四川人開墾荒地，種植五穀，辛苦了許多年，把蜀國建成為豐衣足食的天府之國。

　　有一年，在湖北的荊州有個地方，有一口井裡的大鱉成了精靈，化成了人形。可是，他剛從井裡來到人間便不知什麼原因就死了，奇怪的是，那屍體浮到哪裡，哪裡的河水就會向西流。於是，鱉精的屍體就隨著西流水，從荊水沿著長江直往上漂，漂過了三峽，漂過了巴瀘，最後到了岷江。

　　當鱉精浮到岷山山下的時候，他突然活了過來，他便跑去朝拜望帝，自稱叫做「鱉靈」。說來也巧，鱉靈

正好碰見望帝愁眉不展，噓呼長歎，便忙問為什麼如此惆悵。望帝見到鱉靈，非常喜歡他的聰明和誠懇，便告訴了他緣故。

原來，有一大群被蜀人燒山開荒趕走的龍蛇鬼怪，不願離開天府之國的寶地，更不情願看到蜀人把自己的家園毀壞，他們便使了妖術，把現在川西原來一帶的大石，都運到夔峽、巫峽一帶的山谷裡，堆成崇山峻嶺，砌成龍穴鬼窩，天天在那裡興風作浪，將萬流歸海的大水擋住了。結果，水流越來越大，水位越來越高，將老百姓的房屋、作物甚至生命，都淹埋在無情的洪水裡面。

大片大片的梯田、平地和人們生活的地方，都變成了又黑暗又污穢的海底。這種百姓遭殃受罪的情景已經有一段很長的時間了，可是誰也沒有辦法，望帝因此寢食難安，心中難受。鱉靈聽後，便對望帝說：「我有治水的本領，我也不怕什麼龍蛇鬼怪，憑著我們的才智一定能戰勝邪惡。」望帝大喜過望，便拜他做了丞相，令他去巫山除鬼怪，開河放水救民。

鱉靈領了聖旨，帶了許多有本領的兵馬和工匠，順流來到巫山所在，和龍蛇鬥了六天六夜，才把那些兇惡頑劣的龍蛇捉住，關在灩澦堆下的上牢關裡。接著，他又帶領人們和鬼怪拚鬥了九天九夜，才把那些邪惡狡猾

的鬼怪捉住，關在巫山峽的鬼門關裡。然後，鱉靈著手把巫山一帶的亂石高山，鑿成了夔峽、巫峽、西陵峽等彎曲峽谷，終於將匯積在蜀國的滔天洪水，順著七百里長的河道，引向東海去了，蜀國又成了人民康樂、物產豐饒的天府之國。

望帝是個愛才的國王，他見鱉靈為人民立了如此大的功勞，才能又高於自己，便選了一個好日子，舉行了隆重的儀式，將王位讓給了鱉靈，他自己隱居到西山去了。

鱉靈做了國王，便是「叢帝」。他領導蜀人興修水利，開墾田地，做了許多利國利民的大好事，百姓過著快樂的生活，望帝也在西山過著清心寡慾的日子。

可是，後來情況慢慢起了變化。叢帝有點兒居功自傲，變得獨斷專行，不大傾聽臣民的意見，不大體恤老百姓的生活了，因而百姓的生活漸漸陷入苦難之中。

消息傳到西山，望帝老王非常著急，常常食不好寢不安，半夜三更還在房裡踱來踱去，想著勸導叢帝的辦法。最後，他還是決定親自走一趟，進宮去勸導叢帝。於是，第二天早晨，他便從西山動身進城去訪叢帝。

這個消息很快就被老百姓知道了，大家都誠心誠意地期望叢帝能悔過反省，便跟在望帝老王的後面，進宮請願，結果，連成了很長很長的一支隊伍。

這一來，反而把事情弄僵了。叢帝遠遠地看見這種氣勢，心裡起了疑惑，認為是老王要向他收回王位，帶著老百姓來推翻他的。叢帝心中慌了，便急忙下令緊閉城門，不讓老王和那些老百姓進城。望帝老王無法進城，他靠著城門痛哭了一陣，也只好無奈地回西山了。可是，望帝老王覺得自己有責任去幫助叢帝清醒過來，治理好天下，他一定要想辦法進城去。

他又想呀想呀，終於想到只有變成一隻會飛的鳥兒，才能飛進城門，飛進宮中，飛到高樹枝頭，把愛民安天下的道理親自告訴叢帝。於是，他便化為一隻會飛會叫的杜鵑鳥了。

那杜鵑拍打著雙翅飛呀飛，從西山飛進了城裡，又飛進了高高宮牆的裡面，飛到了皇帝御花園的楠木樹上，高聲叫著：「民貴呀！民貴呀！」

那叢帝原來也是個清明的皇帝，也是個受到四川百姓當成神仙祭祀的國王。他聽了杜鵑的勸告，明白了老王的善意，知道多疑了，心中很愧疚，以後便更加體恤民情，成為一個名副其實的好皇帝。可是，望帝已經變成了杜鵑鳥，他無法再變回原形了，而且，他也下定決心要勸誡以後的君王要愛民。於是，他化為的杜鵑鳥總是晝夜不停地對千百年來的帝王叫道：「民貴呀！民貴

呀！」但是，以後的帝王沒有幾個聽他的話，所以，他苦苦地叫，叫出了血，把嘴巴染紅了，還是不甘心，仍然在苦口婆心地叫著「民貴」！

06 田螺姑娘

　　從前，某村有一位勤懇能幹的單身漢，他每天都在田間辛勤耕作，但是年紀都三十多了，還沒娶上媳婦，村裡人都認為他要打光棍了。

　　有一天，他下田幹活時，無意中拾到一隻大田螺，他高興地帶回家，養在自家的水缸裡。

　　時間過得很快，轉眼已過了三年。一天，單身漢從

田地裡幹完活回家，發現桌子上擺滿了熱氣騰騰的飯菜，單身漢感到很奇怪左看右看在屋裡沒找到任何人，幹了一天活他肚子餓極了，於是就不管三七二十一，上桌吃了起來。

他邊吃邊想，是誰給他煮這麼好吃的一桌飯菜呢？奇怪的事情不斷發生，他連續幾天幹活回來都同樣是滿桌的好飯菜。他想，一定是鄰居李大嫂看到我幹活累幫忙做的飯，今天我要好好去感謝人家。

於是他問了鄰居李大嫂，大嫂說：「沒有啊？我聽到你的廚房有做飯、炒菜聲，我還以為是你提早回家來做飯呢！」單身漢覺得更加感到奇怪了，那會是誰做的呢？他想我一定要弄清楚到底是誰幹的。

於是有一天，他像往常一樣扛著農耕工具去田裡幹活去了，然而沒走多遠他就偷偷返回家來，躲在家門外偷看個究竟。

等到快到中午的時候，水缸的蓋子被慢慢掀開了，從水缸裡走出一位像仙女般的姑娘，接著就很熟練地做起飯、炒起菜來，很快就擺滿一桌飯菜。飯菜做好之後，她又躲進水缸裡去了。

單身漢心想，今天該不會是我看眼花了吧？於是，他連續幾天都偷偷躲在屋外看著，結果千真萬確，確實

是一位美麗的姑娘每天在幫他做飯炒菜。單身漢想,這麼一位漂亮賢慧的姑娘天天來幫他煮飯,究竟為了什麼?我一定要問個清楚。

在某一天的中午,姑娘正在專心做飯時,單身漢推門突然闖了進去,一把將姑娘抱住,並將她鎖進房間。他急忙打開水缸蓋子,一看傻了眼,怎麼那顆田螺只剩下個空殼遊蕩在水中?這水仙般的姑娘難道是這顆田螺變成的?

單身漢想出一個聰明的辦法來,他把空螺殼藏到後花園裡去,再到房間把姑娘給放出來問個清楚,誰知那姑娘被放出來後就直往水缸裡跑,但是當她看見水缸裡沒有螺殼時便傷心地哭了起來。

她一邊哭一邊向單身漢說出了自己的實情,她說,她是個螺精,因前世單身漢在海邊救過她的命,今生又養了她三年,她是投身來報恩的。

單身漢聽後非常感動,他明白到底是怎麼一回事了。於是,他就這樣收留了田螺姑娘,不久以後他就與這位姑娘結了婚,婚後他們還生下一對兒女。他們夫妻一直很恩愛,日子越過越好,幸福的生活一直到老。

菊花仙子

　　在很久很久以前，大運河邊住著一個名叫阿牛的農民，阿牛七歲就沒了父親，一直靠母親紡織度日，所以家裡很貧窮。阿牛的母親因子幼喪夫，生活艱辛，經常哭泣，把眼睛都哭壞了。

　　阿牛長到十三歲時，他對母親說：「媽媽，你眼睛都看不清了，從今以後就不要再日夜紡紗織布了，我現在已經長大成人了，以後就靠我養活你吧！」於是，他就去李財主家做起了小長工，母子倆就這樣艱苦地過著日子。

　　就這樣兩年過去了，母親眼睛的視力變得越來越模糊，不久竟雙目失明了。阿牛想，母親的眼睛是為我而盲，無論如何我都要醫好她的眼睛。於是他一邊給財主

做工，一邊早出晚歸的開荒種菜，靠賣菜換些錢給母親求醫買藥，但吃了很多藥後，母親的視力仍未好轉。

就在某一天夜裡，阿牛做了一個夢，他夢見一個漂亮的姑娘來幫他種菜，並告訴他說：「沿著大運河向西數十里，有個天花蕩，蕩中有一株白色的菊花，它能治你母親的眼病。這花要九月初九重陽節才會開放，到時候你用這花熬湯給你母親吃，定能治好她的眼睛」。

重陽節那天，阿牛帶了乾糧，就沿著大運河向夢裡的天花蕩去尋找那株白菊花。原來天花蕩是一個長滿野草的荒蕩。他在那裡找了很久，只有黃菊花，就是不見白菊花，一直找到下午，才在草蕩中一個小土墩旁的草叢中找到一株白色的野菊花。

這株白菊花長得很特別，一梗九分枝，眼前只開一朵花，其餘八朵含苞待放。阿牛將這株白菊花連根帶土挖了回來，移種在自家屋旁。

他每天都會澆水照顧，不久其他八枚花朵也陸續綻開，又香又好看。於是他每天採下一朵白菊花熬湯給母親服用。當吃完了第七朵菊花之後，阿牛母親的眼睛便開始有了好轉，漸漸地便復明了。

於是白菊花能治眼病的消息很快傳了出去，村裡的

人紛紛前來觀看這株不尋常的野菊花。這一消息也傳到了李財主那裡，李財主將阿牛叫去，命令他立即將那株白菊花移栽到李家花園裡，阿牛當然不肯。

李財主便派了幾個手下人趕到阿牛家強搶那株白菊花，因雙方相互爭奪，結果菊花被折斷，他們才揚長而去。阿牛見這株為母親治好眼疾的白菊花橫遭強暴，十分傷心，坐在被折斷的白菊花旁哭到天黑，直至深夜仍不肯離開。

半夜之後，他朦朧的淚眼前猛然一亮，上次夢見的那位漂亮姑娘突然來到他的身邊。姑娘勸他說：「阿牛，你的孝心已經有了好報，不要傷心，回去睡吧！」

阿牛說：「這株菊花救過我的親人，它被折死，叫我怎麼活？」

姑娘說：「這菊花梗子雖然斷了，但根還在，她沒有死，你只要將根挖出來，移植到另一個地方，就會長出白菊花。」

阿牛問道：「姑娘，你是何人，請告知，我要好好謝你。」

姑娘說：「我是天上的菊花仙子，特來助你，無需報答，你只要按照一首《種菊謠》去做，白菊花定會種活。」接著菊花仙子念道：「三分四平頭，五月水淋

頭，六月甩料頭，七八捂墩頭，九月滾繡球。」念完就不見了。

　　阿牛回到屋裡仔細推敲菊花仙子的《種菊謠》，終於悟出了其中意思：種白菊要在三月移植，四月掐頭，五月多澆水，六月勤施肥，七月八月護好根，這樣九月就能開出繡球狀的菊花。

　　阿牛按照菊花仙子的指點去做了，後來菊花老根上果然爆出了不少新的枝條。他又剪下這些枝條去扦插，再按《種菊謠》說的去栽培，第二年九月初九重陽節便開出了一朵朵芬芳四溢的白菊花。

　　後來阿牛將種菊的技能教給了村上的窮百姓，這一帶種白菊花的人就越來越多了。因為阿牛是九月初九找到這株白菊花的，所以後來人們就將九月九稱作菊花節，並形成了賞菊花、吃菊花茶、飲菊花酒等風俗。

08 天鵝仙子與癩蛤蟆

在很久很久以前，通甸壩子還是一片汪洋的時候，每年的農曆正月十五都會有一群仙女來到這裡洗浴，她們在黎明之前到達這裡，然後化身為一群美麗的白天鵝。從日出到日落，成群結隊在湖中游泳、嬉戲、玩耍、梳洗，一直到太陽落山晚霞映照時才依依不捨的離開湖泊。

湖泊周圍居住著世代耕作的白族先祖，他們每天在湖邊勞作放牧，卻很少有人知道湖裡的天鵝是仙女的化身。直到有一天，村裡的放牛人掉到湖裡又被救起，人們才從他那裡聽到是原來湖裡的白天鵝是一群仙女。

那是在很多年前的一個正月十五，一個叫阿琰的放牧人在傍晚時分到湖邊找尋走失的牛，突然他隱隱約約

聽見一群女孩子的嬉戲聲從湖中傳來，剛開始，他還以為是村裡的女子在那兒玩耍，心想說不定她們曾看到我的牛，於是便尋聲而去，但沒想到那聲音卻越來越向湖中心移動，而阿琰卻始終沒有看見一個人影，只見一群可愛的天鵝在泛著金色波浪的湖面上隨波蕩漾。

阿琰感到很納悶，明明聽到了一些聲音怎麼突然之間就沒了人影呢？難道是自己的錯覺。這時太陽馬上就要落山了，阿琰正要離開這裡，一轉身腳下的泥土被踩崩了，阿琰驚叫一聲掉進了水中，他拚命掙扎、呼喊。他的腳卻深深嵌進淤泥裡拔都拔不動，就像被什麼東西拽著，他不斷地掙扎但卻越陷越深，不一會兒功夫水就淹沒了他的頭。

就在他快要絕望的時候，他感覺有十多個有著甜美聲音和漂亮身影的女孩從水中冒了出來，她們擁著快要失去知覺的阿琰並把他托上了湖邊的草地。

當阿琰從昏迷中慢慢醒來時，已經是黃昏時分，他清晰地記得自己落水獲救的情形，而且他堅信他之前聽到的聲音和救自己的少女的聲音一樣甜美。

等他完全清醒後他仔細地在周圍的草地上尋找可能留下的蹤跡，他覺得自己確實遇到了天鵝仙子，但是找了半天除了空氣中瀰漫的芳香外，周圍什麼也沒有留下。

　　阿琰回到村莊後，逢人就說自己掉進湖裡，然後被仙女奇蹟般救起，但是村裡的大人小孩都笑他瘋癲，沒有人相信他的話。

　　也許是因為阿琰本身就不怎麼受歡迎吧！光憑外貌來說他身高不足五尺，一張瘦瓜臉上長著的五官就像是給人胡亂捏上的泥巴，年近三十仍然光棍一個。姑娘見他從不正眼相看，她們生氣的時候就故意用手打他的頭部欺負他矮小，男孩子常常罵他是矮冬瓜、醜八怪。所以他說自己曾被仙子救過，即使是真的大家也認為是癡人說夢話，沒人願意相信。

　　阿琰氣不過，於是天天把牛趕到湖邊，希望能再看見那群仙子，有時候他就對著湖裡的其他天鵝說話，希望它們當中有一隻是救過自己的，但是他的舉動更加令村裡的人厭惡，不敢接近他。然而阿琰就是一個執著的人，他相信自己沒有說謊，也不是做夢，每天依然在湖邊放牛，不停地尋找著救他的白天鵝。

　　一天，阿琰和往常一樣在湖邊放牛，突然他又聽到了那熟悉的聲音，儘管聲音不是很大，但阿琰聽得異常清楚。於是他趕緊朝湖中央望去，哇！一群純白美麗的天鵝在湖中央自由自在的嬉戲，甜美的笑聲就是從那兒飄來的。

這一天正是正月十五，阿琰發瘋似的，他揮著手向著湖中央縱情呼喊著。天鵝被這突然的呼喊聲驚嚇得都朝他這個方向張望，她們的笑聲戛然而止。之後任憑阿琰怎樣呼喊，天鵝們即不飛走，也不理睬。這時正在湖邊幹活的農人都不禁哈哈大笑，他們以為阿琰這次是真的瘋了。可憐阿琰就這麼一直喊呀喊，還不停地繞湖蹦跑，天鵝們仍然不理不睬，一直到了傍晚，湖邊的農人們都已回家了，田野變得空曠寂寞。

　　正在這時阿琰看見一隻天鵝離開鵝群朝他游來，只見這隻天鵝游到他跟前，當她輕盈地登上湖岸時，站在阿琰面前的已是身著白色衣裳的美麗姑娘。她的臉兒像早晨的桃花，眼睛閃著迷人光芒，笑容像旋轉的漩渦，把阿琰、草木、空氣和一切都吸了進去，簡直是太迷人了，這時的阿琰就像游離在仙境裡，只聽那姑娘微笑著對自己說，她和姐妹們都是觀音菩薩身邊的侍女，每年都要下凡給菩薩的淨瓶裡盛水，因為這裡的湖光山色實在太美，所以盡情玩耍，遲遲捨不得離去。仙界本有禁令不許與世人相見的，只因前次不忍看阿琰落水淹死，才與姐妹一起將他救上岸邊。

　　今日再次相見，姐妹被剛才阿琰的真誠和執著感動，但又怕被其他人發現而洩漏天機，所以等到現在才

偷偷相見。而此時的阿琰彷彿已沉睡在夢中，呆呆地看著一切，心裡異常興奮，嗓子卻發不了聲。這時湖心的其他白天鵝們也從湖中冉冉升起離開水中，她們離開水便現出了原先美麗的身影，白色的紗衣長裙在風中飄揚，活潑得像一隻蝴蝶，很快就飛到離湖岸很近的地方，一邊嘻笑一邊喊她們的妹妹一起回去。

她們個個容貌美麗，明眸皓齒，體態輕盈。這時太陽已經西沉，天空的最後一抹雲霞也變得暗淡，阿琰只聽身邊的女子輕柔地說了聲道別的話，然後輕盈地從身邊飛起，跟別的仙子一起很快消失在天空中。

這一次阿琰知道了仙子的來歷，更加高興，回到村莊就跟幾個平時最看不起他的少年誇耀自己再次遇見仙子，還說了她們明年正月十五一定會來湖上取淨水。

時間過得很快，轉眼間又到了來年正月十五，天還沒亮的時候阿琰就來到了湖邊。天快亮的時候，一群白天鵝從天空中落到湖裡，突然一支支箭從蘆葦叢中射向它們，天鵝們被射中，發出淒慘的哀鳴，在水中撲騰一陣後，白色的軀體飄泊在淡藍的水中。

阿琰簡直不敢相信自己看到的這一切，原來是村裡的少年聽了阿琰的奇遇，但他們根本不相信會有什麼仙子，所以早就準備了弓箭埋伏在湖邊的蘆葦中獵殺天

鵝，還興高采烈地嘲笑阿琰想美人想瘋了，編故事騙人。

因為阿琰的無知洩漏了仙女的行蹤，讓人類殺死了天鵝仙子。他承受著內心痛苦煎熬，在湖邊徘徊了整整一天之後再也沒有人見過他。聽說有人看見他跳進湖裡淹死了，然而沒有人真正關心他的死活，人們只當是世上少了個瘋子，他的瘋話再也沒人提起，漸漸地人們也把他忘記了。

說也奇怪，那一年一滴雨都沒下，發生了嚴重的饑荒，很多人在這場饑荒中死去。不久湖水乾涸了，原來流過這裡的瀾滄江從此改道，原本向南流的通甸河也從此倒流向北。

湖水乾涸之後，在裡面留下一座孤零零的石山，它跟周圍的砂石山截然不同，於是人們確信這是阿琰變成的石山，乾旱是上天對人類的懲罰，儘管人類受到了嚴重的懲罰，但人們總是不願輕易承認自己的殘忍與自私，把阿琰的死說成是「癩蛤蟆吃天鵝肉，海枯石爛不悔改」，從此便把這座山叫做蛤蟆山。

比翼鳥

　　相傳在遙遠的古代，黃河附近有個小村莊，村莊裡有個小孩子他叫柳生，柳生家境很貧困，他每天幫家裡幹完活後最喜歡的便是在後山的樹林裡聽著各種鳥類的叫聲，漸漸的柳生也學會分辨各種不同類型的鳥叫聲，慢慢的他也學著各種鳥兒的叫聲，日子久了模仿出來的聲音連鳥兒都分辨不出是真是假，經常能招來許多的鳥兒和他同樂。

　　年復一年，日復一日，柳生漸漸長大了，當他十六歲的時候，唯一和他相依為命的母親也由於長年的勞累過度病重無法下床，需要較多的金錢來買藥，可是家裡本來就貧窮，母子兩人每天辛苦的工作，也只足夠他們自己吃個粗飽而已，哪裡有錢來給母親看病呢？而以前

柳生閒下來的時候都會學著好聽的鳥叫聲給鄰居們聽，所以柳生人緣一直很不錯。

事情又過了兩天，鄰居發現柳生每天上山採草藥，便關心的問他是怎麼回事，柳生便把發生的事情都跟他們說了，但眾人也都是窮人，自己家裡都沒法揭鍋呢，因此也都幫不了他。

這時其中一個鄰居就說了，對面村的一個黃員外要買年輕家丁，只要把自己賣給他十年便能得十兩銀子。柳生看著母親日漸病重，便只有應徵看看。黃員外看他長得還可以身子骨也算結實，人還算聰明，便把他留了下來，但錢先付一半，另一半在做滿了十年之期要回去時才能拿。

柳生拿了那一半錢後，便托付同來的鄰居先給母親帶回去，而自己便留了下來。黃員外便叫他負責花園的工作。黃員外有一個女兒叫黃鶯，長得年輕漂亮，從小喜歡養各種的小鳥兒，最喜歡聽一隻金絲雀的叫聲了。柳生每次在花園裡養花植草時都能聽到各種鳥叫聲，便生了好奇心，想去探個究竟。

有一天他在花園幹活時正好看到百鳥群中，一個可愛的少女，正癡癡的看著那隻美麗的金絲雀在唱歌。那金絲雀的優美歌聲，和黃鶯的美麗很快的就打動了這少

年的心，但是他自己也明白自己的身分，不管他怎麼努力他和她都是不可能的，便只把她當成了夢，藏在自己的心底深處。

轉眼間，兩年又過去了，柳生的母親終因病情惡化不得而治去世了，柳生回去埋葬了母親後又來到黃府做苦力，平時他在花園裡盡心的照顧著這些花草，聽著那少女開心的笑聲便感到心滿意足了。

他希望他種下去的花兒能把它們最美的樣子開放在那少女的眼前，就算她不知道有他的存在也沒關係，只要能讓她開心才是最重要的！可惜黃鶯的確始終沒在意這些花兒，在她的眼中除了金絲雀外，其他什麼都看不到了！但是那金絲雀雖然得到那少女的百般照顧，可也難免一死。

看著自己心愛的金絲雀死去，黃鶯真是痛不欲生，整天更是以淚洗面，黃員外又幫女兒買了一隻，但也彌補不了死去的那隻。這時候柳生看到女孩整天哭哭啼啼，感覺很心痛。他回想著那時候，那隻鳥兒的叫聲，慢慢的想啊，學啊，終於在百般的努力之下他學會那隻鳥的叫聲了。於是他便來到這少女的繡樓下，躲在花叢裡，慢慢的學著那隻金絲雀的叫聲叫了起來，那小姐聽到這熟悉的聲音，便高興了起來，靜靜的聽著，以為那

金絲雀也捨不得她又重生回來了一般。

那少女終於忍不住叫上丫鬟，一起下樓找那鳥兒去了。柳生只顧在下面學那鳥兒叫，叫得入神也沒注意有人靠近，突然看到他日思夜想的人站在他面前，感覺整個人都僵在了那裡一點也移動不了。

女孩看叫聲居然是從他的嘴裡面傳出來的，臉上有點失望，但更是好奇。便叫柳生教教她，柳生自然是千百個願意了，可是這叫聲也不是那麼容易學，黃鶯學了一陣子之後，便不學了，就叫柳生每天叫給她聽，柳生便將以前會的那千百種的鳥叫聲合在一起唱起了鳥語，不一會便招來了許多鳥兒同樂，女孩見了更是高興了，兩人便整天相處在一起，日子久了便互相產生了好感。

可是好景不長，有一天黃員外終於知道了這件事，便命令眾家丁把柳生抓了起來，用棒子打了個半死，又叫人把柳生抬到附近扔進了黃河。

黃鶯聽到柳生遭遇這般的慘事，當時血氣攻心，噴出了一大灘的鮮血便暈倒了，一條命也去掉了七分，等下人叫來醫生時便早已一命嗚呼了……接著眾人看到了一隻美麗的單翅的小鳥，從那少女的心口跳了出來，那鳥兒並不會叫，只是朝著黃河的方向跑去，因為這鳥只

有右翅也不會飛，只是一跳一跳的。一些人感到很奇怪便跟了過去。那鳥雖然不會飛，但速度卻是很快，不一會便追到了黃河邊。

這時候被甩下黃河的柳生心口也跳出一隻和那美麗小鳥一般，但只有左翅的鳥兒，從剛要落下黃河的屍體上跳起，和那少女變成的只有右翅的鳥兒合在一起，飛向了天空。那鳥兒唱著屬於他們自己的歌，飛向那屬於他們的幸福。

這小鳥兒的叫聲美麗無比，眾人都被它的啼叫聲吸引了。後來大家相傳說，那會唱歌的鳥便是柳生變的，而那不會唱歌的鳥便是黃鶯變的，兩人真心相愛死後也變化成了鳥兒，人們便把這種鳥兒稱做比翼鳥，從此世上便有了比翼鳥了！

金江聖母三姐妹

　　相傳，金沙江龍王有三個女兒，她們喜歡到蒼山洱海間遊玩。一天她們來到鳳儀縣蓮花山下時，山下正值鬧旱災。大姐叫兩個妹妹先回龍宮，獨自留下為百姓解決引水問題。於是大姐化作一老婦人，深入田野、村寨查看旱情，見到處無水栽秧，連人畜飲水都感困難，村民們吃的是稗子飯。

　　她在蓮花山腳劃出一股水桶粗的清泉，讓山下的壩子栽下了秧，永不缺水。為感激金沙江龍王的大女兒的恩澤，山下的華營、普和、班莊三村的百姓蓋了座廟，塑了她的像，尊她為本主，封號為金江聖母，這座廟就叫本主廟。

　　龍王的二女兒長得如花似玉，一天在大理趕街時，

遇上海東的一公子董家羅龍。董是好色之徒，見二女兒美貌非凡，把一朵鮮花插在她的頭上，二女兒覺得董家羅龍當眾出了她的醜，就和三妹到海東去懲罰董家羅龍。

姐妹倆到海東的石子山，正遇大旱，二女兒不忍心勤勞善良的百姓受苦，下了一場透雨，讓山腰湧出清泉，使山下永不乾旱。姐妹倆懲罰了董公子後，回到石子山，見這裡風光秀麗，就在山上的慈雲溪住下。山下的幾個村子知道後，為她蓋了本主廟，尊她為本主。封號慈雲普潤金鸞聖母。

二女兒尊為本主後，她怕妹妹孤單，派了身邊的五仲爺陪妹妹去青龍山住。妹妹到青龍山後，為當地村民引水施雨，也被尊為本主。封號金靈聖母。後來，金江龍王來看望三個女兒，見蒼洱風光迷人，三女兒又有點孤單，就留在青龍山住下。

因此每年的農曆正月初五至二十五日，就被命名為金江三姐妹的本主節。屆時，她們所在的十個村要唱大本曲、耍獅、耍龍。

因金江三姐妹喜歡春遊，所以本主節期間，要挨村用轎子輪流接送，待遊完十個村子，再將其像送回各自的本主廟。

11 觀音送畫

　　某年，杭州城疫症流行，碰巧荒年，市民貧病交迫，十分淒慘。

　　一天，城內的湖邊，泊了一艘大船，船頭坐了一位美麗的女子，她為貧病的人請命，如果有人出錢買她，她就住在他的家裡，為他服務，得款用來救濟人民。

　　岸上的人爭著買她，相持不下，就採用投錢的方法，誰用錢擲中她，就迎她回去。於是，銅錢、黃金、白銀都紛紛投下來，堆滿船頭，卻沒有一枚落在她身上。

　　大家十分失望，只好放棄。女子微笑，合掌向岸上的人致謝，把每一個捐來的錢都施捨給窮人。消息傳來，轟動整個杭州城，富人們為她俠義的行為感動，紛紛慷慨佈施。於是，病人得到醫藥，窮人得到金錢，飢

餓的人得到食物，人心都安慰和滿足。突然，女子的船上華彩萬道，燦爛光明，一位法相莊嚴的菩薩合掌微笑，大家驚訝極了。

她說：「我就是觀世音菩薩，我來是為了啟發和喚醒大家的仁心。同情、憐憫是最高貴的情操，幫助他人，是最神聖的責任，扶助弱小，是人們義不容辭的天職。今天，你們的表現十分值得讚美，大家將得到幸福。」眾人既感動又歡喜，不約而同合掌，稱念觀世音菩薩。

觀世音菩薩把畫像送給他們，她的諾言應驗了，她真的住在每一位出錢為善的人家裡。

這個故事在中國普遍地流傳，增加了人們對觀世音菩薩的信仰。

12 「年」獸的傳說

　　相傳，中國古時候有一種叫「年」的怪獸，頭長觸角，兇猛異常。「年」長年深居海底，每到除夕才爬上岸，吞食牲畜傷害人命。因此，每到除夕這天，村村寨寨的人們扶老攜幼逃往深山，以躲避「年」獸的傷害。

　　這年除夕，桃花村的鄉親們都忙著收拾東西扶老攜幼上山避難，從村東頭來了一個白髮蒼蒼的乞討的老人，只見他手拄柺杖，臂搭袋囊，銀鬚飄逸，目若朗星。鄉親們有的封窗鎖門，有的收拾行裝，有的牽牛趕羊，到處人喊馬嘶，一片匆忙恐慌的景象。這時，誰還有心關照這位乞討的老人。只有村東頭住著的一位老婆婆給了老人一些食物，並勸他快上山躲避「年」獸，那老人捋髯笑道：「婆婆若讓我在家待一夜，我一定把

『年』獸攆走」。

眾人不信，老婆婆驚目細看，見他鶴髮童顏、精神
矍鑠，氣宇不凡。但老婆婆仍繼續勸說他還是上山躲避
的好，乞討老人笑而不語堅持留下，眾人見勸他不住，
便紛紛上山躲避去了。老婆婆也很無奈，只好撇下家，
上山避難去了。

半夜時分，「年」獸像往年一樣準備闖進村肆虐的
時候，它發現村裡氣氛與往年不同：村東頭老婆婆家，
門貼大紅紙，屋內燭火通明。「年」獸渾身一抖，怪叫
了一聲。「年」朝婆婆家怒視片刻，隨即狂叫著撲過
去，將近門口時，院內突然傳來「霹靂啪啦」的炸響
聲，「年」渾身顫慄，再也不敢往前湊了。原來，「年」
最怕紅色、火光和炸響。這時，婆婆的家門大開，只見
院內一位身披紅袍的老人在哈哈大笑，「年」大驚失
色，倉惶而逃。

第二天是正月初一，當避難的人們從深山回到村裡
時，發現村裡安然無恙十分驚訝。這時，老婆婆才恍然
大悟，原來白髮老人是幫助大家驅逐「年」獸的神仙，
趕忙向鄉親們述說了乞討老人的許諾。

鄉親們一齊擁向老婆婆家，人們同時還發現了白髮
老人驅逐「年」獸的三件法寶，只見婆婆家門上貼著紅

紙，院裡一堆未燃盡的竹子仍在「啪啪」炸響，屋內幾根紅蠟燭還發著餘光……欣喜若狂的鄉親們為慶賀吉祥的來臨，紛紛換穿新衣戴新帽，到親友家道喜問好。

這件事很快在周圍村裡傳開了，人們都知道了驅趕「年」獸的辦法。從此每年除夕，家家貼紅對聯、燃放爆竹，戶戶燭火通明，守更待歲。初一一大早，還要走親串友道喜問好，這風俗越傳越廣，成了中國民間最隆重的傳統節日。

13 「齊天大聖」大鬧天宮

在花果山帶領群猴操練武藝的猴王因無稱心的武器，便去東海龍宮借寶。龍王許諾，如果猴王能拿動龍

宮的定海神針──如意金箍棒，就奉送給他，但當猴王拔走寶物之後，龍王又反悔，並去天宮告狀。

玉帝採納了太白金星的主張，誘騙猴王上天，封他為弼馬溫，將他軟禁起來。猴王知道受騙後，一怒之下，返回花果山，豎起「齊天大聖」的旗幟，與天宮分庭抗禮。玉帝發怒，命李天王率天兵天將捉拿猴王，結果被猴王打得大敗而歸。

玉帝又接受太白金星的獻策，假意封猴王為「齊天大聖」，命他在天宮掌管蟠桃園。一日，猴王見那老樹枝頭，桃熟大半，他心想要吃個嘗新，奈何本園土地、力士並齊天府仙吏緊隨不便，忽設一計道：「汝等且出門外伺候，讓我在這亭上少憩片時。」

那眾仙果退，只見那猴王脫冠服，爬上大樹，揀那熟透的大桃。摘了許多，就在樹枝上自在享用，吃飽了，才跳下樹來，簪冠著服，喚眾等儀從回府，遲三二日，又去設法偷桃，盡他享用。

一日，王母娘娘設宴，大開寶閣，瑤池中做蟠桃勝會，即著七仙女各頂花籃，去蟠桃園摘桃建會。七衣仙女直至園門首，只見蟠桃園土地、力士同齊天府二司仙吏，都在那裡把門。

仙女近前道：「我等奉王母懿旨，到此摘桃設宴。」

土地道：「仙娥且住，今歲不比往年了，玉帝點差齊天大聖在此督理，須是報大聖得知，方敢開園。」

仙女道：「大聖何在？」

土地道：「大聖在園內，因睏倦，自家在亭上睡。」

但找了半天還是沒有找到大聖，於是那仙女先入樹林之下摘桃，只見那樹上花果稀疏，只有幾個毛蒂青皮的，原來熟的都是猴王吃了。

七仙女張望東西，只見向南枝上只有一個半紅半白的桃子，原來那大聖變成小人，正睡在此枝，被她驚醒。大聖即現本相，耳朵裡掣出金箍棒，幌一幌，碗來粗細，咄的一聲道：「你是那方怪物，敢大膽偷摘我桃！」

慌得那七仙女一齊跪下道：「大聖息怒，我等不是妖怪，乃王母娘娘差來的七衣仙女，摘取仙桃，大開寶閣，做蟠桃盛會。適至此間，先見了本園土地等神，尋大聖不見，我等恐遲了王母懿旨，是以等不得大聖，故先在此摘桃，萬望恕罪。」

大聖聞言，回嗔作喜道：「仙娥請起，王母開閣設宴，請的是誰？」

猴王得知王母娘娘設蟠桃宴，請了各路神仙，唯獨沒有請他。猴王氣的火冒三丈，縱朵祥雲，跳出園內，

竟奔瑤池路上而去，正行時碰見赤腳大仙正要去赴宴，他把赤腳大仙騙到通明殿下，自己搖身一變，就變做赤腳大仙模樣，前奔瑤池，只見那裡鋪設得齊齊整整，卻還未有仙來，這可把大聖高興壞了，忽聞得一陣酒香撲鼻，看見幾壇已造成了的玉液瓊漿，大聖止不住口角流涎，毫毛拔下幾根，丟入口中嚼碎，噴將出去，念聲咒語，叫「變！」即變做幾個瞌睡蟲，奔往眾人臉上。那夥人，手軟頭低，閉眉合眼，丟了執事，都去盹睡。大聖卻拿了些百味八珍，佳餚異品，走入長廊裡面，就著缸，挨著甕，放開量，痛飲一番。打得杯盤狼藉，他獨自開懷痛飲，漸漸酒意朦朧有了醉意，搖搖擺擺來到太上老君之處，因為在那裡不見老君，又四無人跡，便又吃了太上老君的九轉金丹，搜刮了所有酒菜瓜果，從西天門，使了隱身術逃走，回至花果山界與眾猴擺起了神仙酒會。

那七衣仙女因受了大聖的定身法術，一周天方能解脫，回奏王母，又有人來奏：「不知什麼人，攪亂了蟠桃大會，偷吃了玉液瓊漿，其八珍百味，亦俱偷吃了。」王母聞言，即去見玉帝，備陳前事。又有太上老君來奏，有人偷吃了他的九轉金丹。

少時，又有齊天府仙吏叩頭道：「孫大聖不守執

事，自昨日出遊，至今未轉，更不知去向。」

玉帝又添疑思，只見那赤腳大仙又上奏道：「大聖假傳旨意，自己上當受騙。」

玉帝聽了這些後暴怒，吩咐了天羅地網之兵，個個提鈴喝號，圍困了花果山。孫悟空打敗了四大天王，哪吒三太子等天兵天將，不料在交戰中猴王中了太上老君的暗算，不幸被擒。

老君將他送進煉丹爐，結果不但沒有燒死，反使猴王更加神力無比，於是猴王奮起反擊，把天宮打得落花流水，嚇得玉帝狼狽逃跑。

14 三打白骨精

話說唐三藏師徒正在趕路，路過一座山，師徒們入此山，正行到嵯峨之處，三藏道：「悟空，我這一日，肚中饑了，你去那裡化些齋吃。」

行者陪笑道：「師父這等半山之中，前不巴村，後不著店，有錢也沒買處，教我往哪裡尋齋？」

三藏心中不快，口裡罵道：「你這猴子，想你在兩界山，被如來壓在石匣之內，口能言，足不能行，多虧我救你性命，摩頂受戒，做了我的徒弟，怎麼不肯努力，常懷懶惰之心！」

行者道：「弟子也很慇懃，哪有懶惰？」

三藏道：「你既然慇懃，為何不去化齋來給我吃？我肚子餓了怎麼繼續前行？更何況此地山嵐瘴氣，怎麼

得上雷音？」

　　行者道：「師父休怪，少要言語。我知你尊性高傲，十分違慢了你，便要念那緊箍咒，你下馬穩坐，等我去尋找看哪裡有人家處化齋去。」

　　行者將身一縱，跳上雲端裡，睜眼觀看。可憐周圍那有人家，看多時，只見正南上有一座高山，那山向陽處，有一片鮮紅的點子，行者按下雲頭道：「師父，有吃的了。」

　　那長老問甚東西。行者道：「這裡沒人家化飯，那南山有一片紅的，想必是熟透了的山桃，我去摘幾個來你充飢。」於是，孫大聖飛上雲端向南山飛去。

　　常言有云：「山高必有怪，嶺峻卻生精。」果然這山上有一個妖精。

　　孫大聖去時，驚動那怪，她在雲端裡，踏著陰風，看見三藏坐在地下，就不勝歡喜道：「造化，造化！幾年前家人都講東土的唐和尚取『大乘』，他本是金蟬子化身，十世修行的原體，有人吃他一塊肉，長壽長生，真個今日到了。」

　　那妖精上前就要拿他，只見三藏左右有八戒、沙僧，故不敢靠身。於是那妖精搖身一變，變成一個花容月貌的女子，說不盡那眉清目秀，齒白唇紅，左手提著

一個青砂，右手提著一個綠磁瓶，從西向東，逕奔唐僧，三藏看見遠處有一人影便命八戒前去看看。

那八戒見她生得俊俏，呆子就動了凡心，忍不住胡言亂語。叫道：「女菩薩，往哪裡去？手裡提著是什麼東西？」分明是個妖怪，他卻無法認得。

那女子連聲答應道：「長老，我這青砂裡是香米飯，綠瓶裡是炒麵筋，特來此處無他故，因還誓願要齋僧。」

八戒聞言，滿心歡喜，急抽身，就跑了個豬顛風，報與三藏，那女子好言蒙騙，唐三藏仍然不願吃，而旁邊的豬八戒不容分說，一嘴把個罐子拱倒，就要動口。

只見那行者自南山頂上，摘了幾個桃子，一個觔斗，點將回來，睜開火眼金睛觀看，認得那女子是個妖精，放下缽盂，掣鐵棒，當頭就打。嚇得唐三藏用手扯住道：「悟空！你走將來打誰？」

行者道：「師父，你面前這個女子，莫當作個好人，她是個妖精，要來騙你的！」

三藏道：「你這猴子，當時倒也有些眼力，今日為何亂說！這女菩薩有此善心，將這飯要齋我等，你怎麼說她是個妖精？」

行者笑道：「師父，你哪認得，她是要來吃你的

肉，我若來遲，你一定會落入她的圈套，遭她毒手！」那唐僧哪裡肯信，只說是個好人。

行者發起性來，揮鐵棒，往妖精劈臉一下，那怪物耍了手段，使個「解屍法」，見行者棍子來時，她卻抖擻精神，預先走了，把一個假屍首打死在地下，嚇得長老膽顫心驚，口中念道：「你這猴子著然無禮！屢勸不從，無故傷害人性命。」

行者道：「師父不要怪我，你快來看看這是甚東西。」

眾人往前看時哪裡是甚香米飯，全是長蛆，也不是麵筋，是幾隻青蛙、癩哈蟆，滿地亂跳，長老才有三分相信了。

只是那豬八戒在旁邊硬是挑撥，三藏果然信那呆子攛唆，手中捻訣，口裡唸咒。行者就叫：「頭疼，頭疼！莫念，莫念！有話好說。」

唐僧繼續念著緊箍咒，說什麼也不要孫悟空這個徒弟了，行者苦苦相求，三藏見行者哀告，卻也回心轉意道：「既如此說，且饒你這一次。以後不許作惡否則我繼續念緊箍咒！」

行者道：「三十遍也由你，只是我不打人了。」大聖趕緊服侍唐僧上馬，又將摘來的桃子奉上，唐僧在馬

上吃了幾個，權且充飢。

　　卻說那妖精，脫命升空，原來行者那一棒並沒有打死妖精，妖精出神去了。她在那雲端裡，咬牙切齒，暗自心想我饒不了你們，於是，在那前山坡下，搖身一變，變成一個老婦人，手拄著一根彎頭竹杖，一步一聲的哭著走來。

　　八戒見了，大驚道：「師父！不好了！那媽媽來尋人了！」

　　唐僧道：「尋甚人？」

　　八戒道：「師兄打死的，一定是他女兒，這鐵定是他娘尋將來了。」

　　行者道：「兄弟莫要胡說！那女子十八歲，這老婦有八十歲，怎麼六十多歲還生產？一定是個假的，等老孫我去看看。」

　　行者，拽開步，走近前觀看，行者認得她是妖精，什麼話也不想說，舉起棒子往頭便打。那妖怪見棍子舉起時，依然抖擻，又出化了元神，脫身去了，把一個假屍首又打死在山路之下。

　　唐僧一見，更是絕無二話，直接把緊箍兒咒重複足足念了二十遍。把可憐的行者的頭，勒得像個葫蘆似的，十分疼痛難忍，大聖苦苦哀求，可是唐三藏不聽，

行者道：「她是妖精。」

唐僧道：「你這猴子胡說！哪來這許多妖怪！你是個無心向善之輩，有意作惡之人，你走吧！」

行者道：「師父又要我走？走就走，只是有一件事不甘心。」

唐僧道：「你有什麼不甘心之處？」八戒又在旁邊添油加醋，這可把孫猴子氣壞了。

唐僧問他：「為何不走？」

行者道：「師父若真不要我，就把我頭上的『金箍』拿掉，交付與你，套在別人頭上，這樣我就答應離開，再怎麼說我也是跟你一場，難不成連這點情意也沒有？」

唐僧大驚道：「悟空，我當時只是菩薩暗受一卷緊箍咒，卻沒有什麼鬆箍咒。」

行者道：「若無鬆箍咒，你還是帶著我走吧！」

長老又無可奈何道：「你先起來，我再饒你這一次，但不可再行兇了。」

行者道：「再也不敢了，再也不敢了。」大聖又服侍師父上馬，上路前進。

卻說那妖精，原來行者第二棍也沒打死她，那怪物在半空中，仍然不服氣，但又怕他們走出自己的地盤，

於是在山坡下搖身一變，變成一個老公公，還真是快，唐僧在馬上見了，心中歡喜道：「阿彌陀佛，西方真是福地！那公公路都走不上來，還唸經呢！」

八戒道：「師父，你且莫要誇獎，那個才是禍的根呢！」

唐僧道：「怎麼會是禍根？」

八戒道：「行者打死他的女兒，又打死他的老婆，這個正是他老頭尋將來了。我們若被他活捉了，師父，你便要償命，被定個死罪，我老豬為從，被捉去充軍；沙僧喝令，被捉去擺站；那行者使個遁法走了，豈不害死我們三個替他頂罪？」

行者聽見道：「這個呆子，別在這裡胡說，不要嚇唬師父了？等老孫我再去看看。」人聖把棍藏在身邊，走上前，迎著怪物大叫道：「你瞞得了別人，瞞不過我。我認得你是個妖精！」那妖精被嚇得張口無言。

行者掣出棒來，自忖思道：「若是不打他，好像讓他站了上風，若要打他，又怕師父念緊箍咒。」但又思量道：「不殺他，他只要一抓到時機一定會把師父捉走，我豈不又得費心勞力去救他？還是將他殺了！但若一棍了打死他，帥父又念起緊箍咒，可是常言道：『虎毒不吃子。』憑我三寸不爛之舌，哄他一哄，應該就沒

事了。」

齊天大聖，念動咒語，叫當坊土地、本處山神道：「這妖精三番兩次來戲弄我師父，這次卻要殺他。你與我在半空中作證，不許走。」

眾神聽令，誰敢不從，都在雲端裡照應。那大聖棍起處，打倒妖魔，才斷絕了靈光。

那唐僧在馬上，又被嚇得魂不守舍，口不能言。

八戒在旁邊又笑道：「好一個行者！真的瘋了！才走了半日路，就打死三個人！」

唐僧正要唸咒，行者急到馬前，叫道：「師父，莫念，莫念！你快來看看她的模樣。」只有一堆骷髏在那裡。

唐僧大驚道：「悟空，這個人才死了，怎麼就化作一堆骷髏？」

行者道：「她是個潛靈作怪的殭屍，在此迷人本性，被我打死，他就現出了本相。你看她的脊樑上有一行字，叫做『白骨夫人』。」唐僧聽了，倒也信了。

但那八戒卻在旁邊多嘴道：「師父，他的手重棍凶，把人打死，因為怕你念緊箍咒，故意變成這個模樣，好讓你不再處罰他！」

唐僧果然耳軟，又信了他，隨復念起。

行者禁不得疼痛，跪於路旁，只叫「莫念！莫念！有話好好說！」

唐僧道：「猴子你一時不知好歹，亂打起人來，闖出大禍，教我怎的脫身？你回去吧！」

行者道：「師父你錯怪了我。這人分明是個妖魔，她確實有心害你。我打死她，替你除了害，你不但不感激我，反而相信了那呆子的讒言冷語，屢次逐我。常言道：『事不過三。』我若不走，就真是個下流無恥之徒。我走，我走，走就走，只是你手下無人了。」

唐僧發怒道：「這潑猴越發無禮！看起來，只你是人，那悟能、悟淨，就不是人？」

那大聖見唐僧三番兩覆，不肯轉意回心，無可奈何才離去。

他忍氣別了師父，縱觔斗雲，逕回花果山水簾洞去了，獨自一個淒淒慘慘，忽聞得水聲聒耳。大聖在那半空裡看時，原來是東洋大海潮發的聲響，一見了，又想起唐僧，止不住腮邊淚墜，停雲住步，良久方去。

15 孫猴子替二郎神值班

　　傳說孫猴子護送唐僧西天取經之前，玉皇大帝就把看管蟠桃園的肥差交給了他。蟠桃園裡四周有天兵天將守著，再加上他的威名遠揚，沒人敢到蟠桃園來作亂。他整天閒來無事，到處亂晃。

　　有一天，他想起了跟自己一樣有七十二變的二郎神，他跟二郎神自從在花果山一戰之後，不打不相識，成了摯交好友，自從他們那一戰之後，他就忙著一連串的事情，也一直沒見到老朋友，不知道老朋友最近忙什麼呢？

　　一天，他閒逛，遇見了千里眼和順風耳，就向這倆兄弟打聽二郎神的近況。這兩兄弟都是熱心腸的人，兩人便幫齊天大聖查看，告訴他二郎神正在哪兒哪兒，孫

悟空一聽，翻一個觔斗雲就來找二郎神了。

原來，二郎神正在某地的一座二郎神廟裡值班呢！這座楊二郎神廟，來往燃香求保佑的人不少，桌上貢品成堆，孫悟空一看，呵，老朋友這兒不錯呀，整天沒事兒往這兒一坐，就有人燒香拜著，貢品供著，他就想在二郎神這兒住上幾天。

這一天，二郎神正和來閒逛的孫猴子閒聊，天神來到宣讀了玉帝的聖旨，召他上天議半天事。

二郎神頭痛了，眼下燒香的人這麼多，自己沒有分身法術，怎麼辦呢？孫猴子一聽，樂了，他正想幹二郎神的差事呢！就連忙說：「你趕緊去吧！去晚了玉帝會處罰你，我沒事，等你回來再走，這裡有什麼事我替你辦了，不能辦的事等你回來再說。」二郎神答應一聲走了。

沒過多久，來了幾個莊稼人擺上供菜，點上香，跪下禱告說：「二郎神啊，田裡莊稼旱得快死了，求你老人家下場透犁雨，收成好了，給你唱三台戲。」許完願，燒完香走了。

孫猴子邊吃供果邊想：「這還不簡單。」

剛要傳雷公、雷母去降雨，又一夥撐船載貨的人走進廟，擺上供果禱告說：「二郎神啊，我這些船裝的都

是糧，限期到京，請您老人家刮幾天南風，讓船行快些，別誤了期限，等我們回來一定在京捎些好點心給你上供。」這夥人許過願走了。

孫猴子想：「二郎在這還真受用，每天都有人送吃送喝。」孫猴子剛想傳風婆颳風，外面又來了兩伙人，擺上供果。

這一夥人說：「二郎神啊，我們的黃薑剛收，求你老人家這兩天別下雨，讓烈日高照把薑曬乾，等賣了錢，再給你老人家披紅掛綵。」

另一夥人說：「我是果行的，滿樹都結了果子，已經快熟了，求您老人家可別颳風，等果子收了，一定給您老人家再塑金身。」

孫猴子聽完，這下可愣住了，有的要下雨，有的不要下；有的要颳風，有的不要颳，到底該怎麼辦才好呢？真是令人一個頭兩個大。正想不出辦法時，剛巧二郎回來了，孫猴子把那些人求告的事都告訴了楊二郎。

二郎神說：「這好辦！夜間下雨澆莊稼，白天搭起太陽曬薑，讓風從河路走，別吹往果園。」孫猴子聽了，非常佩服二郎神。

16 西遊記後傳

　　唐僧師徒西天取經回到長安，大唐皇帝率滿朝文武出城相迎，萬民歡騰，熱鬧非凡，悟空、八戒大開眼界，手舞足蹈。

　　不料五百年後，天搖地動，魔頭無天突然降臨，佛祖圓寂，三界大亂。無天眾妖宣稱：三十三年後佛祖還會借助轉世靈童的法身托生，依仗十七顆舍利子奪天地造化，法力無邊；若要永久佔領天庭統治世界，必須利用孫悟空找到十七顆舍利子，殺死轉世靈童。

　　被無天押在冥界的唐僧，識透無天的野心和陰謀，深知只有悟空才能消災解難，便念起緊箍咒。正在花果山與八戒閒聊的悟空得知師父有難，立即駕雲出山，一路上只見林木蕭索，人跡稀罕，頓覺大事不妙，經燃燈

佛祖點化，方知三界正在面臨一場浩劫。

　　轉世靈童喬靈兒已經長成一個丰神俊秀的年輕人，這天正在農家祝壽慶喜，突然闖進一夥女匪，要將靈兒劫持上山。靈兒當場斥責她們的強盜行徑，匪首白蓮花大怒，將靈兒押回山寨，斷水斷食，靈兒寧死不屈，蓮花反倒深受感動，直抒自己的愛慕之情，奄奄一息的靈兒含笑死去，被一隻巨鷹將屍身叼走。

　　悟空和八戒來到雙塔寺，寺院突然坍塌，悟空在廢墟中撿到一顆舍利子，被俯衝下來的巨鷹奪走，悟空與八戒追到鳳頭山，只見靈兒口中正含著那顆舍利子甦醒過來。無天得知悟空找到轉世靈童，即命黑袍護法帶二金剛前去搶奪，唐僧又氣又急，縱身躍出輪迴隧道，途遇哪吒，二人同去尋找悟空。

　　悟空與八戒將靈兒帶回花果山，黑袍現出百丈蟒原身將山圍定，適逢唐僧領哪吒趕來，哪吒現出三頭六臂將二金剛擊斃。黑袍帶傷跑回靈山報信，無天下令各路妖魔一齊出動，企圖奪回靈童。

　　唐僧師徒將靈兒轉到蓬萊仙島，交碧遊仙子看護。碧游與靈兒相處十分融洽，終於向靈兒吐露衷腸。靈兒對她雖有朦朧愛意，但卻難忘蓮花，無奈離開蓬萊在世間四處飄泊，不幸被黑袍所獲。

無天使用黑蓮聖火鍛殺靈兒，竟無法傷其分毫，方知必須得到十七顆舍利子才能得逞，於是令黑袍務必在三十三天內將十七顆舍利子全部找到。

　　悟空等歷盡千辛萬苦找到十六顆舍利子，不慎誤中黑袍埋伏，急將舍利子一口吞下。無天將悟空置於沸鼎之內，意欲用聖火煉出舍利子，唐僧師徒異常焦急，派出能抵禦弱水劇毒的八戒前去營救，悟空長時間在烈火中炙烤，開始化出舍利子，八戒擊殺攔路的怪獸救出悟空，唐僧師徒與眾神匯合，與無天展開一場生死決戰。

　　距離如來返回只有一個時辰，眾神雖奮力拚搏，仍難取勝，當悟空得知自己就是制服無天的第十七顆無骨舍利子時，毅然跳入火海，化為一顆豆大的舍利子向無天擊去，巨響聲中，無天身形化作紙鳶飛逝，如來現出金身返佛界，三界歸於平靜，悟空打坐蓮台含笑合十異常安詳。

漢鍾離十試呂洞賓

民間傳說八仙之一的呂洞賓，少年時就熟讀經史，涉獵百家，學問十分淵博，他考了二十三年進士都名落孫山，顯然沒有什麼顯赫的門第和有力的後台。於是他終於看破紅塵，浪跡江湖，做了道士。

在四十六歲的時候，父母又命他去應考，他心中雖然很不情願，但到底父母之命不可違。他到了長安，在一家小酒店中遇到一位道士，就是八仙中資格最老的雲房先生漢鍾離，漢鍾離點化了他，然後又讓呂洞賓做了一個黃粱美夢。

漢鍾離用夢境破除了呂洞賓的功名利祿之心，使他決心求道修行，同時，漢鍾離又十試呂洞賓，對他進行了一番考驗，看他求道的決心究竟有多大。

漢鍾離對呂洞賓說：「你這個人骨節不堅，志行未定，若想成仙，還得幾輩子。」說完就走了。呂洞賓快快不樂的回到家中，一看家裡人全死了。呂洞賓卻毫不悲哀，轉向去買棺材，但回到家一看，全家人又都好好活了過來，這是第一試。

呂洞賓到市場上去賣東西，價錢說定了，買主忽然又反悔了，只肯給一半的價錢，呂洞賓也毫不爭執，連那一半錢也不要，丟下貨物就走了，這是第二試。

呂洞賓在元旦那天出門，遇到個乞丐站在門口，要求他施捨，呂洞賓把自己身上的錢和東西都給了他，但他貪得無厭，而且口出惡言辱罵呂洞賓，呂洞賓面無怒色，乞丐又抽出刀來指著呂洞賓的胸口，呂洞賓索性解開衣襟讓他刺，於是，乞丐哈哈大笑而去，這是第三試。

有一天，呂洞賓在山上放羊，一隻兇猛的老虎向羊群撲來，他竟無半點懼色，用身體擋住老虎，保護著羊群，老虎一見便轉頭就走了，這是第四試。

呂洞賓深夜在房中讀書，忽然走進來一位絕色美女，對他百般的挑逗，呂洞賓正襟危坐，毫不動心，這是第五試。

有一天，呂洞賓家裡遭搶，無以為生，非常貧窮，

他到田裡鋤地時，突然發現鋤頭下有許多金子，他馬上用土埋上，沒拿半點，這是第六試。

呂洞賓在市場上買了一些銅器，拿到家裡一看全是金的，他便尋訪賣主，全都退了回去，這是第七試。

呂洞賓在市場上遇到一個賣藥的道士，聲稱吃了他的藥十日內必定得死，呂洞賓便買了他的藥吃了下去，居然無事，這是第八試。

呂洞賓乘船渡河，行至河中，突然河水上漲，風狂浪大，船都要翻了，可是他仍端坐不動，置生死於度外，這是第九試。

呂洞賓獨坐一室，忽見無數鬼怪，有的打他，有的罵他，呂洞賓一動也不動。又來了幾十個厲鬼押著一個血淋淋的死囚，哭號著說：「你前世殺我，現在我要你償命！」

呂洞賓說：「殺人償命，理所當然。」說完便尋找刀索，準備自盡。這時，忽聽空中一聲大喝，諸鬼銷聲匿跡，一人從天而降，便是漢鍾離，這是第十試。

經過了十試，漢鍾離才正式收呂洞賓為徒，終於呂洞賓得道成了神仙。

18 呂洞賓造八仙閣

　　據說，湛盧山的景物八仙閣是呂洞賓監造的，用石砌牆，茅草搭頂，呂洞賓本可以點石成金，何以要叫凡人造閣呢？因為他到底還是個浪蕩仙人，有凡心，要嘗人間建屋的滋味。於是呂洞賓化成一位財主，在湛盧山最高處雇了許多工匠興建八仙閣。

　　附近山腰，梅花洞裡住著一隻一千三百多年的狐狸，已有八百多年道行，每夜要在山頂對月吐珠納月華，見呂洞賓在監工，就很生氣，認定這個鄉下土財主要奪她修練之地。可是，她還不能化成人形，也無法與呂洞賓對抗，就決意來找工匠，施放狐蠱。

　　造八仙閣的石頭是從陟岵台那裡取了抬上山頂的，這當中就有三個工人中了狐蠱，躲在幾塊石頭中偷起懶

來，使抬石匠無法把石頭抬上山去。

　　呂洞賓見工程進度很快，可在何仙姑面前與挖井媲美，已經暗自得意，忽然見石頭沒有，掐指一算，心中已經明白，就把純陽劍向陟岵台一指，天上頓時雷鳴電閃，大雨傾盆。狐狸精嚇破了膽，放一個臭屁把工匠困在岩石間，自己一溜煙逃回梅花洞去。

　　呂洞賓見三個工匠還賴在岩石間不出來，心中大為不滿，把手一指，自七峰山那邊飛來一塊大岩石有十二尺見方、六尺厚把三個工匠蓋在岩下，幸虧狐狸逃得快，不然生命難保。

　　呂洞賓見沒打著狐狸，也就把三個石匠訓了一頓。這時，何仙姑正在一條山道上採集仙草野花，忽聞一股嗆人狐臭，其味難耐，隨手把花籃中的桂花拋向山谷，滿山頓時芳香撲鼻，狐臭盡失。

　　八仙閣終於造成，八仙們卻又不知去向。現在的八仙閣是後人重修的，供奉八位泥塑仙人。後人又在飛來石四邊砌牆成亭，據說朝陽嶺那邊一石亭就是三個工匠被困的地方。何仙姑隨手丟桂花的地方現在叫香巖，遊人站在巖間可聞到香氣撲鼻的花香十分醉人，因為，何仙姑丟下的桂花已成林了。

19 呂洞賓與紹興香糕

　　紹興香糕是浙江有名的糕點，傳說浙江香糕的來歷還跟呂洞賓有關呢！傳說在很久以前，杭州西湖邊的城隍山下住著一個姓孟的紹興人。由於他年紀輕，大家便叫他小紹興，小紹興跟瞎眼的母親相依為命，依靠賣點糕來養家餬口，他每天半夜就起床，磨米粉，蒸鬆糕，天亮後再挑起糕點擔沿街叫賣。

　　每年的大年初一，杭州有春節登山的習慣，是為了討「步步登高」的吉利，城隍山上山下，逛山的，進香的，人來人往。小紹興的鬆糕賣得很快，不一會兒功夫，就賣得僅剩了一小塊破碎的鬆糕了。小紹興想到家裡的母親還未吃飯，便留下了這塊破角糕，準備帶回去給母親吃，看看天不早了，就下山往家趕。

當他走到城隍廟時，只見一個白髮銀鬚的老人，穿的破破爛爛，但臉上和鬚髮卻很乾淨，他頭枕在一個口對口地對在一起的兩只破碗上，伸手向他乞討，原來這是上八洞仙呂洞賓，因見人間熱鬧，便下凡來湊熱鬧。

小紹興並不知道這就是呂洞賓。他見老人衣衫襤褸，瘦骨嶙峋，非常同情，便摸出幾文銅錢給老人，誰知老人不要銅錢，卻要討塊鬆糕吃。小紹興便拿出留給母親的破角糕遞給了老人，老人不客氣地吃了下去。

小紹興回到家裡以後，把此事告訴了母親，他的母親也是善心的人，她沒有生氣，十分讚許。從此，小紹興天天走過廟門口，只要看見那老人，便送給他一塊鬆糕。

有一天，小紹興又在廟門口遇見老人了，就伸手遞給老人一塊糕，老人看他臉上愁眉不展的，就問道：「你有什麼不如意的事嗎？」

小紹興答道：「連日陰雨，生意清淡，鬆糕賣不出去，我娘吃了賣剩的糕，得了重病，茶飯不思。」

老頭聽了哈哈大笑：「別著急，要吃的沒有，良藥我可有。」說著，從懷裡掏出個葫蘆，交給小紹興。吩咐他做鬆糕時，將葫蘆裡的藥放到鬆糕裡，他娘吃了這種糕病就會好，說完話，一陣風起，老人就不見了，只留下一個口對口在一塊兒的兩個破碗。

　　小紹興方知遇到了神仙，看到老人那口對口對在一起的破碗，猛然醒悟到這就是呂洞賓。於是急急忙忙地回到家，按照呂洞賓指點的方法製作鬆糕。

　　他先把葫蘆裡的藥倒出一點兒，放進糕粉裡，製成糕胚，放到旺火上蒸熟蒸透。待糕冷卻後再一塊一塊地排放在炭火上，烘成金黃色，烘烤出來的鬆糕散發出一股奇香。

　　小紹興三天三夜水米未進的老母親聞到這股香味，頓時覺得腹中飢餓，即叫小紹興把糕拿來吃，老母親吃下糕後，第二天病就好了。

　　從此，小紹興就一直用這個辦法製糕，由於這種糕奇香撲鼻，食之鬆甜可口，大家都讚不絕口，於是改鬆糕名為「香糕」。因為香糕是小紹興做出來的，又被稱做「紹興香糕」。

　　後來，人們才明白，香糕裡放進去的藥，原來是中藥裡的砂仁。砂仁性溫，能理氣寬胸，健脾和胃，增進食慾，適用於脾胃氣滯以及消化不良等症。

20 呂洞賓跨鶴飛天

相傳，呂洞賓遊玩了四川的峨眉山後，一時心血來潮，打算去東海尋仙訪友，他身背寶劍，沿著長江順流而下。

這一天，來到了武昌城。這裡的秀麗景色把他給迷住了，他興沖沖地登上了蛇山，站在山頂上舉目一望，呵！只見對岸的那座山好像是一隻伏著的大龜，正伸著頭吸吮江水；自己腳下的這座山，卻像一條長蛇昂首注視著大龜的動靜。呂洞賓心想：要是在這蛇頭上再修一座高樓，站在上面觀看四周遠近的美景不是更妙嗎！但這山又高，坡又陡，誰能在這上面修樓呢？有了，還是請幾位仙友來商量商量吧！

他把寶劍往天空劃了那麼一個圈，何仙姑就駕著一朵彩雲來了，他連忙把自己的想法向她說了，何仙姑一聽就笑了：「你讓我用針描個龍繡個鳳還差不多，要說

修樓，你還是請別人吧！」

　　呂洞賓又請來了鐵拐李，鐵拐李一聽哈哈大笑：「你要是頭發昏，我這裡有靈丹妙藥，要修樓，你另請高明吧！」

　　呂洞賓又請來了張果老，張果老搖著頭說：「我只會倒騎著毛驢看唱本。」說罷，也走了。

　　呂洞賓想，這下完了，連八仙都不行，哪裡還有能工巧匠呢？正在這時，忽然聽到從空中傳來一陣奇怪的鳥叫聲，他連忙抬頭一看，只見魯班師傅正騎著一隻木鳶朝著他呵呵地笑呢！呂洞賓急忙迎上去，把自己的想法又說了一遍。

　　魯班師傅走下木鳶，看了看山的高度，又打量了一下地勢，隨手從山坡上撿來幾根樹枝，在地下架了拆，拆了架，想了一會說：「咱們明天早上再商議吧！」

　　第二天早上，雞剛叫頭遍，呂洞賓就急急忙忙地爬上蛇山，只見一座飛簷雕棟的高樓已經立在山頂上了。他大聲呼喊著魯班的名字，登上最高一層，但連魯班的影子都沒有看到，只看見魯班留下的一隻木鶴，這木鶴身上披著黃色的羽毛，正用一對又大又黑的眼睛望著他。

　　呂洞賓非常高興，一會兒摸模樓上的欄杆，一會兒

看看樓下的江水，又取出一支洞簫對著波浪滾滾的江水
吹起了曲子。他一邊吹簫，一邊又看看木鶴，這木鶴竟
隨著音樂翩翩起舞呢！他騎到了木鶴身上，木鶴立刻騰
空，衝出了樓宇，繞著這座高樓飛了三圈，一聲鶴唳，
鑽進白雲裡去了。後來，人們就給這座樓取了個名字，
叫黃鶴樓。

21 韓湘子造橋

湘子橋是中國四大古橋之一。湘子橋的「湘橋春
漲」，為潮州八景之首。

湘子橋，簡稱「湘橋」，橋名湘子，這是源於古時

韓湘子造橋的神奇故事。傳說韓湘子是韓愈的侄孫。韓愈在潮州任職時，見惡溪溪面廣闊，波濤洶湧，渡長而舟少，人多而舟小，人民過渡艱難，於是決定建一座橋橫貫溪面的東西，使兩岸交通方便，造福後代。

但在寬廣的惡溪上面建橋，不是一件容易的事，韓愈就找來侄孫韓湘子商議。韓湘子道：「溪面寬廣，要建的橋很長，憑一個人的力量很難完成，我僅能營建一半。」韓愈深深地考慮到：工程浩大，剩下的一半橋樑，僅憑人力是完成不了的，必須請大顛禪師相助，才能解決。於是韓愈立即給大顛禪師寫信。

潮陽靈山寺的大顛禪師接到韓刺史邀請協助造橋的來信，禪師很想去幫忙，但因為求學的人多，不能分身，於是禪師推薦潮州開元寺廣濟和尚去造橋。韓愈便請來廣濟和尚，與韓湘子共商良策。商議結果，雙方在廣濟門樓前劃定橋身線位，韓湘子從東面起建，廣濟自西面而築，並約定兩橋合攏日期，比賽建橋，看誰建的橋墩多，誰就得勝，在橋邊樹碑流芳。

因此，韓湘子請來自己的另外七仙兄弟姐妹們相助，廣濟和尚也請來十八羅漢幫忙，各自分頭施工，大顯神通。東岸的八仙們，一個個龍上虎落，大顯身手；西岸的眾羅漢，一隊隊神出鬼沒，爭立殊勳。這是仙佛

鬥法，競奇逞能，在運石、阻水、砌墩、架板的一系列過程中，光怪陸離，讓人目不暇接，呈現了興建大橋的精采場面。

在建橋即將合攏的時候，雙方各有一墩未建，於是更加努力，各施法力，調運石頭，一定要使橋身銜接，不甘心功虧一簣。

韓湘子於是星夜到鳳凰山取建墩石料，他施展法術，把黛黑山石變成一群黑豬，趕至隍溪邊。眼看離造橋的地方不遠了，沒想到迎面來了一隊人馬，敲鑼打鼓，燈光如同白日，爆竹聲陣陣地響著，原來是送葬隊伍。

韓湘子趕的那群豬，竟被嚇得走不動了，霎時間，他用黛黑山石變的那群豬又變成了一堆亂石頭。事出意外，儘管韓湘子吹仙笛，唸咒語，使盡渾身法術，但這些亂石再也變不成豬，法術不靈驗了，韓湘子弄得敗興而歸。

廣濟和尚也趁深夜到桑浦山移石，他顯現佛法，把塊塊黑石變成烏羊群，一路趕來，到了現在一個叫烏羊的地方，恰遇地主劉昌巡田，他一見羊群，賊心大發，存心奪為己有。說：「和尚！這群羊是我家的。」廣濟與他爭辯，但劉昌糾纏不休！廣濟無奈，看看這時候雞

叫了，天快亮了，料定石頭難以移至工地。便道：「羊是你家的，趕回去吧！」說後垂頭喪氣地走了。地主得意洋洋，把羊群趕到自己的田裡，此時晨光燦燦，那群烏羊變成塊塊黑石頭，在田裡堆起一座小山，劉昌懊悔莫及。從此，那座小山人們稱為「烏羊山」。

這天，是東西兩橋合攏的日子，因韓湘子和廣濟的石頭都沒有調到，東西橋段還差幾里的距離。韓愈、韓湘子、廣濟等人站在橋頭，瞠目相視，束手無策。

這時，八仙發揮智慧，不謀而合，何仙姑拆下十八片蓮花瓣丟在水面，立即變成十八隻梭船；曹國舅將雲板放在船上，變成船板；鐵拐李解下腰帶，變成兩條碗口大籐索，隨潮水漲落伸縮，把梭船首尾連結起來；籐索頭尾結緊在東西二面橋墩上，聯成「浮橋」。在江面形成了「十八梭船廿四洲」的景觀，終於定期完成了建橋的工程。

此次仙佛鬥法造橋，韓湘子在東面共建十四墩；廣濟和尚在西面共建十墩，雖然勝負分明，但其功績不可磨滅。潮人為了紀念他們，便把橋稱為「湘子橋」，或稱橋為「廣濟橋」，並在太平路旁樹碑，刻著「廣濟橋」三個大字。

八仙橋的傳說

　　傳說湘潭有一座長壽山，為什麼叫長壽山，因為山上住著一個姓鄭的長壽老人。他頭髮鬍子全白了，身體卻非常健壯，在山裡幹活健步如飛，做起事來連青年人都比不上，誰也不知道他到底有多少歲，有的說他有一百四十多歲，有的說不止這麼多。

　　老鄭一個人住在山上，搭了一個茅棚子，每天砍柴、打獵、種地，他種的莊稼又多又壯；他種的菜又大又好；他要打獵，百發百中，所以他的東西吃不完，用不完。但他是個熱心腸的人，總是把剩下來的東西都周濟了窮人，只要是來求他的，不分是認得的鄰舍、朋友，還是不認得的過路行人或叫化子，他都盡力幫助。

　　有天晚上，他在茅棚子外藉著月光打草鞋，忽然，

一陣清風吹來,從外面走進八個人,其中還有一個女的。

頭一個是白鬍子老倌,手上拿著一個漁鼓簡,他對鄭老伯說:「老丈!我們路過此地,想借寶地歇歇腳,不知行不?」

鄭老伯熱情地說:「行,只要你們不嫌棄,不過我這茅棚子太窄了,怕你們坐不下。」

長者說:「不要緊,我們擠一下就是了。」說完,八個人都進了屋。說也奇怪,平日連進三個人都覺得擠的小棚子,現在擠進八個人,還覺得寬敞,鄭老伯正在奇怪,卻聽其中一個穿得破破爛爛的黑臉拐子,滿臉的絡腮鬍子,身後背個酒葫蘆的說:「老丈,我們幾位肚都餓了,你這裡有點東西吃嗎?」

鄭老伯連忙悅:「有!有!我今天正好打了一隻兔子,就拿來款待客人吧!」說完,從旮旯裡搬來一缸酒,又端來一蒸缽香噴噴的兔子肉,放在一張竹子編的小方桌上。

一個手中拿著一支玉簫的書生提議說:「今夜月色皎潔,我們移至湖邊,對月暢飲如何?」其他人都表示贊成。

他們就一個提壺,一個端盆,一個搬桌子,來到雨湖邊上,各自找了一塊麻石作為坐凳,一直飲到月亮偏

西，曙光微露。鄭老伯也就招待他們到月亮偏西，一會
兒給他們燒水泡茶，一會兒又到山上給他們採果子下
酒，眼看月亮快要落山了，星星也眨著眼睛在打瞌睡，
八個飲酒的，也都一個個醉眼朦朧了，一個敞胸露懷的
大肚子對鄭老伯說：「老丈，勞累了你一晚，我們如何
報答你呢？你想要什麼，我們都能辦到。」

鄭老伯搖了搖頭說：「我什麼都不要。」

落腮鬍子說：「你的茅棚子這樣小，你不想要一棟
好房子嗎？」

鄭老伯微笑著說：「天可以為蓋，地可以為席，何
況我現在還有這個茅棚子遮身，風吹不著，雨淋不著，
足夠了。」

一個五綹鬚，長眉長目，身背寶劍的道人說：「老
丈！人間福祿壽喜，隨你挑選。」

鄭老伯說：「富貴福祿是人的繩索，我不願讓它捆
住我的手腳，至於壽嘛，老死一關，人人逃脫不了，聽
乎自然吧！」

這時，那位美貌的女子開口了，她說：「人間福祿
壽喜你都不愛，想必是看破紅塵，想超凡成仙吧！」

鄭老伯說：「常言道得好，無煩無惱即神仙，我天
塌下來也不知道愁，早已是人中之仙了。

大家非要他想一個，鄭老伯拗不過，想了一會說：「你們硬要我提，我就提一個吧！就是我們這座雨湖方圓幾十里，從湖這邊過湖那邊去，要走半天，太不方便了，你們要能幫助修架橋，方便方便大家，就太好了。」

大鬍子黑臉拐子連忙說：「這個容易，我們答應你。」

八個人出去了，鄭老伯沒有跟出去，他在家裡給他們燒茶水，等茶燒好了，給他們送茶去時，只見一座大橋橫架雨湖之上。那八個人正從橋上走下，朝汀江去了。鄭老伯在後面一邊喊，一邊追，忽然飛出八朵祥雲，八個人向鄭老伯揮了揮手，登上祥雲飄走了。

鄭老伯回到橋上，細看大橋，橋是由八塊麻石搭成的，平平整整，寬寬敞敞，他滿心歡喜，在橋上來回地走著，一直走到天亮。

第二天，附近的百姓看見了這座橋，一個個高興得不得了。大家根據鄭老伯說的情況，猜準是八洞神仙下凡來了，便將這座橋取名八仙橋。

23 月唐傳的形成

　　傳說天上的仙人也分上、中、下三等，呂洞賓等八仙被玉皇大帝封為中八仙，很不服氣。但是唐朝的唐明皇，非常敬重中八仙，中八仙一看唐明皇這樣敬重他們，就想替唐明皇完成一個心願，他們知道唐明皇喜歡月亮，便決定帶唐明皇到月亮上的廣寒宮玩一玩。

　　中八仙們搭了一座七彩雲梯，唐明皇就在一個月圓的晚上登上了廣寒宮。唐明皇到了廣寒宮看中了嫦娥，於是便寫了一首調戲嫦娥的詩。

　　嫦娥由於先前喝了幾盅酒，迷迷糊糊的不明白，後來酒醒了一看，唐明皇寫了一首詩調戲她，非常生氣，就拿了這首詩奏明了玉皇大帝。

　　玉皇大帝一看唐明皇身為人主，竟敢這樣污辱天

神，勃然大怒，於是派了青龍，投胎轉世成為安祿山消滅唐朝，另建朝綱。

巡天御使太白金星騎鶴路過大唐上空，一看下面兵荒馬亂，烏煙瘴氣，立即回報玉皇大帝。

玉皇大帝向太白金星說明了事情的原因，太白金星說：「玉帝息怒！玉帝息怒！唐明皇寫詩污辱天神不對，您因為這點小事就派人消滅他的朝代，以後如果世人知道了，豈不談笑您？再說大唐江山規定四百年，現在才坐了不足二百年，還有二百年，您因為這點小事就派人下凡亂世，未免小題大作了罷。」

玉帝一聽，覺得太白金星說得有理，就對太白金星說：「但我御旨已下，青龍已經下凡，哪有再收回御旨的道理？」

太白金星聽了，念著鬍子眼睛轉了兩圈，說：「您的御旨已下，不能再收，但我給您想了一個兩全齊美的主意，不知您意下如何？」

玉帝便說：「卿家請講。」

太白金星說：「叫嫦娥下凡，投胎轉世成為楊玉環，做唐明皇的貴妃，先叫她跟唐王，青龍現在不是下凡轉世了嗎？就叫青龍暫時攪亂大唐的朝綱，讓大唐時時失敗，讓他二百年敗盡，等大唐天數已盡，再行滅唐

之事也不遲。這樣，嫦娥即報了仇，同時也處罰了唐明皇無視天神的罪行，您降的青龍亂世的御旨也實行了，豈不是兩全齊美。」玉皇聽了非常滿意。這便是月唐傳形成的經過。

但是後來，玉帝降旨讓白虎星下凡，白虎星不聽，原因是白虎星先前兩次下凡，第一次投胎轉世為羅成只活了二十三歲，第二次投胎轉世成了薛禮也活了二十三歲。這次玉帝派他下凡，他說什麼也不接旨。

太白金星當著玉帝的面替他作保，讓他活到終生，這樣他才願意下凡，投胎轉世成了郭子儀活到了七十八歲，老死在床靈上。

24 八仙鬥花龍

　　傳說，有一天八仙要到東海去遊蓬萊島，本來騰雲駕霧，一眨眼就可到，但呂純陽偏偏別出心裁，提出要乘船過海，觀賞海景。他拿來鐵拐李的枴杖，往海裡一拋，喝聲「變」，頓時變成一艘寬敞、漂亮的大龍船，八位大仙坐船觀景，喝酒鬥歌，好不熱鬧。不料，因此惹出一場麻煩來。

　　原來，東海龍王的第七個兒子是條花鱗惡龍，稱為「花龍太子」。這天，趕巧他閒得沒事，在水晶宮外遊蕩，忽聞海面上有仙樂之聲，便循聲尋去，猛見一條雕花龍船，內坐八位奇形怪狀的大仙，其中有個妙齡女郎，桃臉杏腮，楚楚動人。花龍太子見此仙姿，魂魄俱消，早忘了師傅南極仙翁的忠告，忘了龍王母的訓導，

想入非非，似魔似癡的迷上何仙姑了。

八仙在海上尋歡作樂，怎會想到花龍太子半路擋道，平靜的海面突然掀起一個浪頭，將雕花龍船打翻了。張果老眼尖，翻身爬上毛驢背；曹國舅心細，腳踏巧板浪裡漂；韓湘子放下仙笛當坐騎；漢鍾離打開蒲扇墊腳底；藍采和攀住了花籃邊；鐵拐李失了枴杖，幸虧抱著葫蘆；只有呂純陽，毫無戒備，弄得渾身濕透。

這時，漢鍾離慌忙檢點人數，點過來，點過去，只有七位大仙。男的俱在，獨缺一個何仙姑。奇怪，這何仙姑到哪裡去了呢？漢鍾離掐指一算，大吃一驚，原來是花龍太子攔路搶親，把何仙姑搶到龍宮裡去了。這一回，大仙們可大動肝火了，個個咬牙切齒，殺氣騰騰，直奔龍宮。

花龍太子知道七仙不會善罷干休，早在半路上伺候著。他見大仙們來勢兇猛，慌忙揮舞珍珠鰲魚旗，催動蝦兵蟹將，掀起漫海大潮，向七仙淹來。漢鍾離挺著大肚子，飄飄然降落潮頭，輕輕煽動蒲扇，只聽「嗚……呼……」一聲，一陣狂風把萬丈高的大浪和蝦兵蟹將都煽到九霄雲外去了，嚇得四大天王連忙關了南天門。

花龍太子見漢鍾離破了它的陣勢，忙著把臉一抹，喝聲「變」，海裡突然竄出一條巨鯨，張開閘門似的大

口來吞漢鍾離，漢鍾離急忙煽動蒲扇，不料那巨鯨毫無懼色，嘴巴越張越大。

這下，漢鍾離可慌了神了，正在危急中，忽然傳來韓湘子的仙笛聲。那笛聲悠揚悅耳，鯨魚聽了，鬥志全無，竟朝韓湘子歌舞參拜起來，漸漸渾身酥軟，癱成一團。呂純陽揮劍來斬鯨魚，誰知一劍劈下去火星四濺，鋒利的寶劍斬出個缺口，仔細一著，眼前哪兒有什麼鯨魚，分明是塊大礁石。

呂純陽氣得七竅生煙，鐵拐李卻在一旁笑瞇瞇說：「莫惱！莫惱！待我來收拾它！」只見鐵拐李向海中一招手，它的那根枴杖「唰」地竄出海面。

鐵拐李拿在手中，一杖打下去，不料打在一堆軟肉裡。原來，海礁已變成一隻大章魚，枴杖被章魚的手腳纏住了，要不是藍采和的花籃罩下來，鐵拐李早被章魚吸到肚皮裡去了，原來這巨鯨和章魚都是花龍太子變的。

這時，他見花籃當頭罩來，慌忙化作一條海蛇，向東逃竄。張果老拍手叫驢，撒蹄追趕，眼看就要追上，不料毛驢被蟹精咬住腳蹄，一聲狂叫把張果老拋下驢背，幸虧曹國舅眼明手快，救起張果老，打死了蟹精。

花龍太子輸紅了眼，現出本相，閃耀著五顏六色的龍鱗，擺動著七枝八杈的龍角，張舞著尖利的龍爪，向

大仙們猛撲過來。七位大仙各顯法寶，一起圍攻花龍太子，花龍鬥不過七仙，只好向龍王求救。

龍王聽了，把花龍太子痛罵了一頓，連忙送出何仙姑，好話講了一百零五斗，八仙還是不肯罷休。龍王沒辦法只好請來南海觀音大士講和，一場風波總算平息。八仙再也沒有興趣去遊蓬萊島了，大家都怪呂純陽節外生枝，才尋來一場不悅。

呂純陽笑著說：「這要怪何仙姑，誰叫她是個女的，又生得這麼漂亮！」

25 月老的傳說

唐朝時期，有一個名叫韋固的有錢公子，年輕的時候，他到宋城去遊玩，住宿在南店裡。

　　一天晚上，韋固在街上閒逛，走著走著看到月光之下有一個老人席地而坐，正在那裡翻一本又大又厚的書，而他身邊則放著一個裝滿了紅色繩子的大布袋。韋固很好奇地過去問他說：「老伯伯，請問你在看什麼書呀！」

　　那老人回答說：「這是一本記載天下男女婚姻的書。」

　　韋固聽了以後更加好奇，就再問說：「那你袋子裡的紅繩子，又是做什麼用的呢？」

　　老人微笑著對韋固說：「這些紅繩是用來繫夫妻的腳的，不管男女雙方是仇人或距離很遠，我只要用這些紅繩繫在他們的腳上，他們就一定會和好，並且結為夫妻。」

　　韋固聽了，自然不會相信，以為老人是和他說著玩的，但是他覺得這是一個古怪的老人，當他想要再問他一些問題的時候，老人已經站起來，帶著他的書和袋子，向米市走去，由於充滿了好奇，韋固也就跟著他走。

　　到了米市，他們看見一個盲婦抱著一個三歲左右的小女孩迎面走過來，老人便對韋固說：「這盲婦手裡抱的小女孩便是你將來的妻子。」

　　韋固聽了很生氣，以為老人故意開他玩笑，便叫家奴去把那小女孩殺掉，看她將來還會不會成為自己的妻子。家奴跑上前去，刺了女孩一刀以後，就立刻跑了。

當韋固再要去找那老人算帳時，卻已經不見他的蹤影了。

　　光陰似箭，轉眼十四年過去了，這時韋固已找到滿意的對象，即將結婚。對方是相州刺史王泰的掌上明珠，人長得很漂亮，只是眉間有一道疤痕，韋固覺得非常奇怪，於是便問他的岳父說：「為什麼她的眉間會有疤痕呢？」

　　相州刺史聽了以後便說：「說來令人氣憤，十四年前在宋城，有一天保姆陳氏抱著她從米市走過，有一個狂徒，竟然無緣無故的刺了她一刀，幸好沒有生命危險，只留下這道傷疤，真是不幸中的大幸呢！」

　　韋固聽了，愣了一下，十四年前的那段往事迅速的浮現在他的腦海裡。他想：難道她就是自己命僕人刺殺的小女孩？於是便很緊張的追問說：「那保姆是不是一個失明的盲婦？」

　　王泰看到女婿的臉色有異，且問得蹊蹺，便反問他說：「沒錯，是個盲婦。可是，你怎麼會知道呢？」

　　韋固證實了這件事後，真是驚訝極了，一時間答不出話來，過了好一會兒才平靜下來，然後把十四年前在宋城，遇到月下老人的事，全盤說出，王泰聽了，也感到驚訝不已。

　　韋固這才明白月下老人的話，並非開玩笑，他們的

姻緣真的是由神作主的。因此夫婦倆更加珍惜這段婚姻，過著恩愛的生活。

很快這件事傳遍了宋城城裡城外，當地的人為了紀念月下老人的出現，便把南店改為「訂婚店」。由於這個故事的流傳，使得大家相信：男女結合是由月下老人繫紅繩，加以撮合的，所以，後人就把媒人叫做「月下老人」，簡稱為「月老」。

26 劉三姐與魚峰山的故事

劉三姐是天上的歌仙。相傳唐代，在羅城與宜山交界的天洞之濱，有個美麗的小山村，村中有一位叫劉三

姐的壯族姑娘，她自幼父母雙亡，靠哥哥劉二撫養長大，兄妹二人以打柴、捕魚為生，相依為命。

三姐勤勞聰明，紡紗織布是巧手，而且長得宛如出水芙蓉一般，容貌絕倫。劉三姐喜歡唱山歌，她的山歌遠近聞名，故遠近歌手經常聚集其村，爭相與她對歌、學歌。

劉三姐心地善良，嫉惡如仇，但她一個弱女子，幫不了什麼忙。所以劉三姐看到有不平的事，就用山歌唱出窮人的心聲和不平。她常常因此得罪土豪劣紳。當地有個財主莫懷仁欺壓百姓，貪其美貌，欲佔為妾，遭到她的拒絕和奚落，莫懷仁的臭名遠揚，因此莫懷仁對劉三姐恨之入骨。

莫懷仁企圖禁歌，又被劉三姐用山歌駁得理屈詞窮。他又請來三個秀才與劉三姐對歌，又被劉三姐等弄得醜態百出，大敗而歸。莫懷仁惱羞成怒，不惜耗費家財去勾結官府，咬牙切齒把劉三姐置於死地而後快。

為免遭毒手，三姐揹同哥哥在眾鄉親的幫助下，趁天黑乘竹筏，順流沿天河直下龍江後入柳江，輾轉來到柳州，在小龍潭村邊的立魚峰東麓小巖洞居住。

來到柳州以後，三姐那忠厚老實的哥哥劉二怕三姐又唱歌再招惹是非，便想盡辦法來阻止。一天，他從河

邊撿回一塊又圓又厚的鵝卵石丟給三姐，說：「三妹，用你的手帕角在石頭中間鑽個洞，把手帕穿過去！若穿不過去就不准你出去唱歌！」

接著鐵青著臉一字一頓地補充道：「為兄說一不二，絕無戲言。」

三姐看著哥哥的滿臉慍色，哪裡還敢像往常那樣據理爭辯，拾起丟在面前的石頭，暗忖道：「我又不是神仙，手帕角怎能穿得過去？」

她下意識地試穿，並唱道：哥發癲，拿塊石頭給妹穿，軟布穿石怎得過？除非凡妹變神仙！」

「管你是凡人也好，神仙也好，為兄一言既出，絕不更改！」哥哥像是吃了秤砣──鐵了心，不讓她唱歌了。

誰料三姐淒切婉轉的歌聲直上霄漢，傳到了天宮七仙女的耳裡，七仙女非常感動，唯恐三姐從此歌斷失傳，於是施展法術，從髮上取下一根髮簪甩袖向凡間劉三姐手中的石塊射去，不偏不歪，把石頭穿了一個圓圓的洞。

三姐無意中見手帕穿過石頭，心中暗喜，張開甜潤的嗓子：「哎……穿呀穿，柔能克剛好心歡，歌似滔滔柳江水，源遠流長永不斷！」

從此，劉三姐的歌聲又縈繞回魚峰山頂、樹梢，慕名來學歌的對歌的連續不斷。

後來，三姐在柳州的蹤跡被莫懷仁偵知，他又用重金買通官府，派出眾多官兵來勢洶洶的將立魚峰團團圍住，要鄉親們交出三姐，不然就把鄉親們殺掉，三姐不忍心使鄉親流血和受牽連，毅然上山跳入小龍潭中。

正當劉三姐縱身一跳的時候，頓時狂風大作，天昏地暗，隨著一道紅光，一條金色的大鯉魚從小龍潭中衝出，把三姐馱住，飛上雲霄。

劉三姐就這樣騎著魚上天，到天宮成了歌仙，而她的山歌，人們仍世代傳唱著。為紀念她在柳州傳唱的功績，人們在立魚峰的三姐巖裡，塑了一尊她的石像，一直供奉。

27 白蛇和許仙的傳說

傳說峨眉山中，有條白蛇經過千年修練終於要化仙了，但王母娘娘提醒說她剛修練時曾經被一個牧童救了一命，成仙之前要報牧童的恩。於是白素貞在妹妹小青的陪同下，化身成兩個美麗女子，來到人間尋恩人報恩，經過千辛萬苦，終於在杭州的斷橋邊找到了恩人，他已經經過幾世的輪迴，今世他是一個學藥的秀才，從小孤苦，由錢塘的姐姐撫養長大。

於是，白娘子便要報許仙一世的恩情，她與許仙在斷橋一見鍾情，成為結髮夫妻。她是個賢慧的女子，對許仙敬重有佳，許仙在藥堂學藥，她在家裡裡外外操持家務。幾年後，在白娘子的幫助下，許仙在杭州城裡開了一間藥店「保和堂」。她懸壺濟世，樂善好施，被人

們成為「白娘子」。

　　她為了許仙，受盡磨難。蛇是不能喝雄黃酒的，尤其是在熱天的時候。但是為了讓許仙高興，她不忍看官人失望的臉色，在端午節冒險喝下雄黃酒，卻因為身懷六甲，法力失效而變回原形。許仙經不住嚇，頓時被嚇得魂飛魄散，死在床前。白娘子為救許仙，冒著生命危險，下地獄，鬥鍾馗，上仙山，偷靈芝，最終，上天為之動容。南極仙翁破例贈草，救回許仙。

　　但生活不是一帆風順的，以捉妖拿怪來修行的千年老龜法海發現了白蛇。為使自己儘快成仙，他要降服白娘子。他為了靠近白素貞，化身成金山寺的和尚，為了抓住白娘子，他不惜幫助奸佞，壞事做盡，但每次都被白娘子化險為夷。法海一計不成，又生一計。他趁龍王爺生日，許仙上金山寺進香，謊言欺騙善良的許仙，將其軟禁，逼迫白娘子現身。

　　白娘子為救許仙，求法海放人，法海竟逼迫身懷六甲的白娘子跪著爬上山。千難萬難，金山寺台階千千萬，白娘子的衣服磨破了，膝蓋跪腫了，最終上了山，法海卻信口開河，並且打傷了小青。

　　最終法海惹怒了白娘子，白娘子一氣之下，水漫金山寺，但她已有孕在身，鬥不過法海，只好與小青回到

杭州。白娘子與小青重到斷橋，正在含悲發愁，與逃出金山寺來杭州尋妻的許仙相遇。

小青恨許仙輕信法海，舉劍就砍。白娘子對丈夫又怨又愛，竭力勸阻。許仙悔恨辜負白娘子深情厚愛，連連賠罪，夫妻倆言歸於好。

法海卻不肯善罷干休，竟從鎮江趕到杭州，趁白娘子生了兒子身體虛弱，就用金缽罩住她，又把她鎮壓到雷峰塔底，揚言：白娘子若想脫身，除非「雷峰塔倒，西湖水乾。」硬生生的拆散了許仙夫妻，白娘子母子。

小青鬥不過法海，只好隻身逃回峨眉山中刻苦修練，武功法力大有長進，重來西湖營救白娘子。白素貞的兒子文曲星許夢蛟在許仙撫養下長大成人，赴京應考高中狀元，到雷峰塔前向母親報捷。

小青和許夢蛟、許仙在雷峰塔下重逢。許夢蛟為救母親，苦跪雷峰塔，疏導西湖水，最終，雷鋒塔倒，母子團聚。法海則因為作惡多端，法力大減，再也抵擋不住含恨苦修的小青蛇，最終被小青逼到西湖旁邊，跳進湖裡尋求庇護。最後，他看見螃蟹的肚臍下有一絲縫隙，便一頭鑽了進去。螃蟹把肚臍一縮，法海和尚就被關在裡面了。

法海和尚被關在螃蟹肚子裡，從此再也不敢出來。

原先，螃蟹是直著走路的，自從肚子裡鑽進了那橫行霸
道的法海和尚，就再也直走不得，只好橫著爬行了。直
到今天，我們吃螃蟹的時候，揭開它的背殼，還能在裡
面找到這個躲著的禿頭和尚呢！

28

八百老虎鬧東京

　　古代有個青年叫王天亮，以打柴為生養活老母，但
這個王天亮是個熱心人，見誰家有難都會去幫忙，鄰居
都很喜歡他。

　　一天他上山打柴，看見一隻老虎，伸著滴血的舌
頭，走到他面前，搖頭擺尾似有所求。天亮問：「虎大

哥，你若是有病，就把頭點上三點，若不是，把尾巴擺上三擺。」老虎聽了把頭點了三點。

天亮看後又問：「虎大哥，你若是病在嘴裡，再把頭點上三點，若不是病在嘴裡，把尾擺上三擺。」老虎又把頭點了三點。

天亮奇怪地說：「虎大哥，你坐起來讓我看看。」

老虎聽罷果真坐了起來。天亮仔細往老虎嘴裡察看，原來是一根骨刺扎進舌裡，舌上腫了一個大膿包，有一顆胡桃大，流著膿血。天亮拔出了那根骨刺，又從衣袋裡掏出一個朱紅瓷瓶，倒出一點祖傳自製創傷靈藥，敷到老虎傷口上，不一會兒，老虎的傷就好了。

老虎很感激，就跟天亮拜了兄弟。從此，天亮便按照虎大哥的意思，每天到南山湖邊打柴，那裡山清水秀，林茂花繁，百鳥和鳴，猶如仙境一般。

一晃幾年過去了，這天他在山上打柴時撿到一枚大得出奇的鳥蛋，天亮見了如獲至寶，把蛋揣進懷中，歡天喜地的回家了。天亮十分珍愛這枚鳥蛋，就用棉花把它包得厚厚的，晚上睡覺也放在被窩裡緊緊貼在身邊，盼望有朝一日孵出一隻大鳥來。

過了不久，果真有一隻壯實的小鳥兒「瞅瞅」的破殼而出。天亮母子把它視為掌上明珠，一日三餐，精心

飼養，百般愛護。日子一天天過去，鳥兒慢慢生出了金光奪目的羽毛。

「啊！」天亮母子驚異地叫道，「原來它是一隻美麗的鳳凰啊！」

金鳳凰漸漸長大了，天亮母子卻一天天的瘦下去。

這天金鳳凰忽然開口說話了：「媽媽和哥哥為了我都瘦了，現在我的翅膀硬了，我要遠飛了。三年後我會回來報答你們的大恩。」說罷，它淚如雨下，走到院中，振翼長鳴，凌空而去。

開封府尹的兒子聽說此事，來找天亮，願出銀千兩買金鳳凰。天亮不願意，公子大怒，就把天亮押回了大牢，判了死刑。

一晃三年已過，金鳳凰化作絕世美女來到天亮家中報恩，聽天亮母親說了事情原委後，金鳳姑娘就日夜操勞，侍奉老母，體貼入微，極盡孝道。

一天，老虎來探望天亮，當聽說天亮被關在開封死囚牢中時，立即跑到高山頂上，召集了八百虎弟兄。虎王帶領他們來到開封救恩人。開封府尹聽說虎群擁來，驚恐萬狀，急令四門緊閉，軍士上城守衛。

虎王見四門緊閉，頓時勃然大怒，一個號令，八百隻猛虎伏地一聲長吼，衝破大門，直奔開封府大堂。

　　虎王抓住開封府尹，痛斥道：「你縱子行兇，害苦王天亮？身為父母官，不為百姓興利除害，反而禍害一方，要你何用？」

　　虎王命他膝行至獄前，叩首請出恩人王天亮，然後橫掃一尾，將府尹甩出三丈之外，又將府尹之子吞進了肚裡。虎王請王天亮騎上虎背，率領眾虎歸山。王天亮只聽一陣風聲怒吼，快如閃電，不覺回到了家裡。

　　金鳳姑娘聞知，慌忙出來迎接。虎王見他們郎才女貌，恩愛無比，便做媒讓他們結為美滿夫妻。從此，王天亮一家三口過上了幸福的日子。

彩蝶雙飛

古時候,祝家莊有個姓祝的地主,人稱祝員外,他有一個女兒叫祝英台,她生得聰明又美麗,不但會繡花剪鳳,還喜歡寫字讀書。

她長到十五、六歲時,就一心想到外地的學館裡去讀書。但由於古時候女子不能進學堂讀書,祝英台只好日日倚在窗欄上,望著大街上身背著書箱來來往往的讀書人,心裡羨慕極了。

這可怎麼辦呢?英台靈機一動和丫鬟商量出一個好主意:假扮成男孩子的模樣去求學。於是祝英台打扮成一個公子模樣,丫鬟打扮成書僮,兩人互相看了看,還挺像的,不禁高興地笑起來。

她倆走進廳堂,正在喝茶的父親居然沒有認出他們

來，祝英台一看連父親也瞞過了，別提多高興了，於是卸裝露出真相，使父親大為驚訝，嗔怪女兒調皮沒有規矩。祝英台趁機向父親說了要外出求學的想法。

父親說：「自古以來哪有女子外出求學的？即使是假扮成男的，在外生活也有許多不方便。」

可是祝英台堅決要去，祝員外夫婦一開始不同意，但經不住英台撒嬌哀求，只好答應了。

第二天一清早，天剛濛濛亮，祝英台便假扮成男子，樣子十分英俊瀟灑，丫鬟扮作書僮挑著書箱，辭別父母，帶著書箱，興高采烈地出發去杭州了。她們走了一程，覺著熱了，就來到路旁小亭子裡休息。這時，路上走來一個書生和一個書僮，也到亭子來歇腳，他們互相問候，祝英台才知道這位書生叫梁山伯，也是到學館求學的。

祝英台和梁山伯談得十分投機，兩人在亭子裡就結拜成兄弟，梁山伯比祝英台大兩歲，於是祝英台稱梁山伯為兄，梁山伯稱祝英台為弟，隨後高高興興的一起上路了。

祝英台和梁山伯來到學館，拜見了老師。老師見到這兩位聰明英俊的少年來求學，很是高興。老師把他倆安排在同一張課桌上學習。梁山伯對祝英台像對自己的

親弟弟一樣，十分關心愛護，兩個人從早到晚在一起，成了最要好的朋友。

祝英台和梁山伯同住一個房間，祝英台為了不讓梁山伯發現她是女的，她就把兩個書箱隔在兩人的床位中間，書箱上還放上滿滿一盆水，她告訴梁山伯睡覺時要老實，要是亂滾亂動，把盆裡的水弄灑了，她可要告訴老師重重地罰他。所以梁山伯總是規規矩矩，從不亂動，一直沒有發現祝英台是個女孩子。

春去秋來，一晃三年過去了，學年期滿，該是打點行裝，拜別老師，返回家鄉的時候了。同窗共燭整三載，梁山伯為人誠懇熱情，學習勤奮，祝英台已經深深愛上了她的梁兄，而梁山伯雖不知祝英台是女生，但也對她十分傾慕。祝英台將啟程回家的時候，梁山伯一定要親自送她。

他二人一路上相依相隨，總是不願意分手。祝英台要向梁山伯表露自己的愛情，又不便直說，只好打著許多比方來啟發梁山伯。他們看到河裡有一對鵝，祝英台就唱道：前面來到一條河，河裡游著一對鵝，公鵝就在前面游，母鵝後面叫哥哥。老實厚道的梁山伯沒有聽懂她的意思，繼續往前走。

祝英台又唱了好幾首比喻男女愛情的歌，梁山伯還

是沒有明白。祝英台開玩笑說：「你真是一隻呆頭鵝！」

祝英台又指著池塘裡的一對鴛鴦唱道：「青青荷葉清水塘，鴛鴦成對又成雙，英台若是紅妝女，梁兄啊，你願不願意『配鴛鴦』」？

梁山伯歎了一口氣說：「可惜你不是女紅妝啊！」

祝英台見梁山伯還是不明白，便說：「我家有個九妹，我和她是雙胞胎，長得和我一模一樣，我願做媒，讓九妹和你結為夫妻，你願意嗎？」

梁山伯本來就很愛祝英台的才貌，一聽說九妹和她生得一模一樣，就高興地答應了。

梁山伯送了祝英台好遠，二人才依依不捨地分手，臨別的時候，祝英台和梁山伯約定在七月七日到祝家提親。

幾個月後，梁山伯前往祝家拜訪，結果令他又驚又喜。原來這時，他見到的祝英台，已不再是那個清秀的小書生，而是一位年輕美貌的大姑娘。但祝員外哪會看得上這窮書生呢？他早已把女兒許配給了有錢人家的少爺馬公子。

梁山伯聽了這個消息後，又是吃驚，又是難過，心都碎了，兩人就抱頭痛哭起來，他們互相發誓，無論誰也不能破壞他們之間深厚的愛情，兩個人要永遠在一

起。他們的哭聲被祝英台的父親聽見了，祝員外怒氣沖沖地跑上樓來，把梁山伯趕出家門，將祝英台嚴加看管起來。

梁山伯回到家後，傷心極了，飯也吃不下，覺也睡不著，覺得萬念俱灰，一病不起，沒多久就死去了。臨死之前，他告訴家裡的人，他死後要把他埋在從祝家通往馬家去的路邊。

聽到梁山伯去世的消息，一直在與父母抗爭以反對婚姻的祝英台反而突然變得異常鎮靜。她套上紅衣紅裙，走進了迎親的花轎。迎親的隊伍一路敲鑼打鼓，好不熱鬧！

花轎抬到半路上，忽然來了一陣大風，吹得抬轎人走不動了。這時丫鬟告訴祝英台，前面就是梁山伯的墳墓，只見祝英台走出轎來，脫去紅裝，一身素服，緩緩地走到墳前，跪下來放聲大哭，霎時間電閃雷鳴，雷聲大作，「轟」的一聲，墳墓忽然裂開一條大縫，祝英台似乎又見到了她的梁兄那溫柔的面龐，她微笑著縱身跳了進去。

接著又是一聲巨響，墳墓合上了，這時風消雲散，雨過天晴，天空出現了一道彩虹，各種野花在風中輕柔地搖曳，只見一對美麗的蝴蝶從墳頭飛出來，在陽光下

自由地翩翩起舞。

　　後來人們都說，這對蝴蝶就是梁山伯和祝英台變的，至今人們還把這種黑花紋、翠綠斑點、尾翼上有兩根長長飄帶的大蛺蝶，叫做梁山伯祝英台呢！

灶王

　　中國農曆年，家家戶戶每年年前二十三「辭灶」。「辭灶」就是辭別灶王爺，讓他去天上向玉帝稟報一年的伙食情況。要說「灶王爺」的來歷，還跟一個名叫張生的負心漢有關呢！

　　傳說張生娶了一個媳婦，名叫郭丁香。這個丁香非

常賢慧，自從嫁給張生後，起早睡晚，收乾曬濕，裡裡外外辛勤持家，幾年功夫家業就興旺起來，騾馬成群，瓦舍百間，多虧了勤勞媳婦丁香的幫助，張生闊了。

張生看到家業越來越大，成了富戶，就眼睛盯上天了。他看著丁香沒有年輕時漂亮了，就產生了喜新厭舊的念頭，終日活也不幹，一心想把郭丁香休掉，找個漂亮的年輕媳婦。

他整天虐待丁香，把丁香休出家門後，又娶了一個財主的女兒李海棠。這李海棠好吃懶做，整日和張生花天酒地，不操持家務，也不幫忙做生意，幾年功夫，家業敗盡，張生漸漸地窮了，連房屋加土地都賣光了，到最後連飯也吃不上了，李海棠也不跟張生了。

張生孤身一人，也沒住的也沒吃的，就成了乞丐，整天到處要飯。一天，張生要飯要到一戶人家門口，一個打雜的給他盛了一碗湯喝了。

張生說：「這湯真好喝，再給一碗喝吧！」

打雜的二話沒說又盛了一碗給張生喝了。

張生喝完兩碗湯，看看天色不早了，就說：「天不早了，給你家主人說一聲，能讓我在您家鍋屋裡住一夜嗎？」

打雜的說：「行。」就把張生領到家裡，在鍋屋裡

住下。

張生到屋裡住下後，說還餓，還想喝碗湯，打雜的又給他盛了一碗，張生喝完，對這家主人感激不盡，就說：「你東家心地真好，你回報一聲，我想見見他。」

家人說：「不用回報，我家主人心地最好，是個大善人，給他說一聲就來。」

張生自己正想著這家主人是什麼人呢？這家主人來了，張生一看是個女的，好像面熟，再仔細一看，原來是自己休出家門的前妻丁香。

丁香問張生：「怎麼落魄到了這步田地呢？」張生羞的無地自容。心想：我還有臉活著，死了算了，張生一看丁香家的大鍋底下火燒的正旺，就一頭鑽到鍋底下燒死了。

這時候，巡天的天神正好看見，就回報了玉皇。玉皇知道張生雖然不好，但他還知道羞恥，自己投火燒自己，證明他沒壞到底，還能回心轉意，他既死在鍋底下，就封他灶王吧！

張天師傳下旨意：封張生為灶王，為一家之主，逢年節都用果子敬他。每年臘月二十三騎馬上天回報，臘月三十那天再回來，在天上過七天。

張生封了灶王之後，家家戶戶都把他的像貼在鍋門

口。有的婦女抱著孩子燒鍋,有的小孩把他的臉皮抓破,有的小孩弄了泥巴抹到他嘴裡。他很生氣,就等臘月二十三日騎馬上天一回報,對他不好的都窮了,誰對他好的,都富了。

老百姓一開始不知道是什麼原因,後來才知道是灶王爺上天回報的。

以後唯恐他上天庭不說好話,便在送他上天的時候,都用秫秸稈插個馬,做了麵條,叫他吃飽喝足,照顧得好好的,叫他上天回報好話。後來還信不過,就用粘米做了個糖盤敬他,叫他吃了糖盤粘住嘴,不讓他上天回報壞話。

人們還在灶王像兩邊寫了一幅對聯:「上天言好事,回宮降吉祥。」橫批是「一家之主」。直到現在,還有「二十三啃糖盤,再過七天就到年」的說法。

聚寶盆

明初，潘村街來了一戶人家，男的姓華，叫華良，女的姓梁，叫梁花，他們是打山東逃荒過來的。他們家有兩個孩子，一個四歲、一個兩歲，都是男孩，梁花肚子大大的，看來是又懷孕了。

夫婦倆在街東的一個財神廟裡安了家。這財神廟只是一間丈把長寬的破廟，一尊半個人高的木雕財神像，長年無人侍奉已歪倒在一邊，厚厚的浮灰已糊住了這菩薩的鼻子眼。

華良和梁花就花了兩天的時間，把破廟收拾乾淨了，在破廟裡安了家。女人家的心細，她修補了神台，洗淨了神像，將財神立在台上，扶擺端正，還買了兩炷香，整天拜著，祈禱著，一家人和財神爺作了伴。

這華良是個莊稼人，莊稼活樣樣精通，人又忠厚勤勞，沒幾天就被街上潘家雇為夥計。這梁花雖是個小腳女人，但做得一手好麵食，街坊鄰居都喜歡吃，於是梁花就借了十斤麵粉，在門口擺個攤子，賣麵食。漸漸地買的人多了，大家排隊時就在財神廟裡上上香，從此財神廟裡香火不斷。

一天夜裡，華良夢見耕地時撿到了一個盆，往裡面放什麼長什麼，還有個長鬚長髮的老人告訴他這盆用好了能養家餬口，用不好就會家破人亡。

華良醒了就跟老婆梁花說了，梁花不信，勸他老老實實過日子，別整天淨瞎想著發財，誰也料想不到第二天，華良真的耕地時撿了一個盆回來。

梁花以為丈夫跟自己開玩笑，以為是前幾天讓他買的面盆拿回來了，就把當天做麵剩下的一把麵粉放到盆裡，想不到，才剛放進去，一陣煙霧過去，盆裡裝滿一盆的麵粉。

華良高興極了，又抓了一把黃豆放進去，接著盆裡又莊滿了黃豆。

梁花冷靜下來，想起了丈夫做的夢，就勸丈夫：「我們要靠自己的勞力持家，不能靠取巧生財，不勞而獲，否則這個家會有災禍。」

梁花立了條規矩，這盆裡除每天和麵外，不能往盆裡放其他東西。華良向來都是聽老婆的，這次自然也不例外。

從那以後，華良還是做他的夥計，梁花還是賣她的麵條。不過，現在不用再買麵粉了。梁花每天和完一盆麵，賣完麵條，抓把麵粉放在盆裡，第二天還是和好一盆麵，就這樣每天都能從盆中變出一盆麵來。

有一次華良不小心掉了一個銅錢進去，盆裡滿是銅錢，於是梁花就用這銅錢修繕了旁邊的財神廟。

一晃又是一年過去了，華良和梁花存了不少錢。他們接著財神廟往東蓋起了三間像樣的房子。華良還是在潘老爺家當夥計，梁花也還是每天和麵賣麵條。

這年，夏蝗成災，飛蝗蔽天，所到之處，禾麥皆無，十戶人家有五戶討飯，路邊、山坡的榆樹皮都被剝下充飢，這樣下去肯定會餓死許多人。梁花和華良商量著，從明日起向災民發放饅頭，每人每天兩個。

第二天天沒亮，梁花就蒸了一鍋饅頭，拿了一個放到聚寶盆裡，才一會兒就變成了一盆饅頭，如此反覆著，天快亮了，雪白的饅頭已堆滿了一大筐。

華良帶著大兒子分頭在路口向過往討飯人和貧苦人轉告，財神廟梁花向災民發放饅頭。人們一傳十、十傳

百，財神廟前排起了長龍。

災民們手捧著雪白的饅頭，對梁花感激不盡。但大家見華良家也是顆粒無收，又不見他們家生火做飯，怎麼來這麼多饅頭呢？後來越傳越神，華良倆口子被遠近的父老們敬為神靈。華良倆口子也沒少做善事，捐錢建學校，修橋，修廟。

一轉眼十幾年過去了，華良和梁花都老了，三個兒子都相繼成了家。沿著老房往東，山連山每家三間房。老大在街上開著飯館，老三在街上開著布店，只有老二華虎繼承父業，耕種著家裡的十幾畝田。

一日梁花突然得了怪病臥床不起，話也不能說，急得華良團團轉。一輩子都是梁花指揮這個家，梁花要是撒手去了，他也得跟著。

梁花最放心不下的是那聚寶盆。她擔心三個兒子和三個媳婦得了此物，會貪得無厭。她叫過華良，用手指指盆，比劃著手勢交代後事。她想說的意思是，老大得飯店產業，老三得布店產業，老二有田種，三個都能過得去，留著這盆不會有好處，不如把它埋入地下，免得惹下禍端。

可是這華良誤把梁花的話理解成老大飯店、老三布店都需要錢周轉，老二種田每年只需種子，這盆誰也不

給，由他管著。

梁花死後，華良分別給了老大、老三每人五十錠銀子，給了老二一口袋麥種，三個兒子分灶起伙，各過各的了。

但老大不知道是怎麼知道父親有個聚寶盆，就趁父親不注意時偷過來了，他想：我往裡面放一錠銀子，就能變一盆銀子出來，只要一個晚上，我再給爹還回去。

老大把聚寶盆抱回家，忙不迭地先把一錠銀子放進盆中，不到一刻變成了一盆；倒在地上，再變一盆。就這樣倆口子不停地忙著，反覆地倒著銀子，銀子越變越多，越堆越高，到了半夜，三間屋子全堆滿了，這倆口子還在不停地變，不停地倒，不停地堆。突然「轟」地一聲，四面牆被擠崩潰了，屋頂塌了下來，倆口子都被埋在了銀子堆裡。

其他的兄弟們聽見外面的聲音，連忙跑出來看。只見老大的屋子塌了，他們就連忙救人，也沒找到人。

倒房堆裡，除了破磚碎瓦之外，根本扒不到銀子，而只是一塊塊狗頭石。這時華良想起了當年的夢，夢裡白鬍子老頭說過：「使用不當，會使人家破人亡。」這話全應驗了。

孔雀公主

　　很久很久以前，在遙遠美麗的西雙版納，部落首領召猛海的兒子召樹屯英俊瀟灑、聰明強悍，喜歡他的女孩子多得數也數不清，但他卻還沒找到自己的心上人。一天，他忠實的獵人朋友對他說：「明天，有七位美麗的姑娘會飛到郎絲娜湖來游泳，其中最聰明美麗的是七姑娘蘭吾羅娜，你只要把她的孔雀氅藏起來，她就不能飛走了，就會留下來做你的妻子。」

　　召樹屯半信半疑：「是嗎？」

　　但第二天，他還是來到了郎絲娜湖邊等候孔雀公主的到來。果然，從遠方飛來了七隻輕盈的孔雀，歇落到湖邊就變成了七位年輕的姑娘，她們跳起了優雅柔美的舞蹈，尤其是七公主蘭吾羅娜，舞姿動人極了！這就是

我一直在尋找的姑娘啊，召樹屯立刻愛上了她。她照著獵人朋友的話做，蘭吾羅娜的姐姐都飛走了，只剩下她一人時，召樹屯捧著孔雀氅走了出來。

蘭吾羅娜看著他，許久許久沒有說話，但愛慕之情已經從她的眼光中傳遞出來。不用說，召樹屯娶到了自己心愛的新娘。

他們成婚不久，鄰近的部落挑起了戰爭，為了保衛自己的家園，英勇的召樹屯和蘭吾羅娜商量了一個通宵，第二天就帶著一支軍隊出征了。

戰爭初期，天天都傳來召樹屯敗陣退卻的噩耗，眼看戰火就要燒到自己的領土了，召猛海急得亂了陣腳。偏偏就在這時，有個惡毒的巫師向他進讒言：「蘭吾羅娜是妖怪變的，就是她帶來了災難和不幸，若不把她殺掉，戰爭一定會戰敗的！」召猛海頭腦一昏，就聽信了他，決定把美麗的孔雀公主燒死。

蘭吾羅娜站在刑場上，淚流滿面，她深深地愛著在遠方征戰的召樹屯，卻不得不離開他。最後她對召猛海說：「請允許我再披上孔雀氅跳一次舞吧！」

召猛海同意了。蘭吾羅娜披上那五光十色、燦爛奪目的孔雀氅，又　次婀娜地、輕盈地、優雅地翩翩起舞，舞姿中充滿了和平，充滿了對人世的愛，煥發出聖

潔的光芒，令在場的所有人都深受感動。在悠揚的樂聲中，蘭吾羅娜已漸漸化為孔雀，徐徐凌空遠去了。

但就在這時，前線傳來了召樹屯凱旋的消息。在歡迎大軍得勝歸來的載歌載舞的人群中，召樹屯沒有看見自己日夜思念的妻子，在祝賀勝利犒勞將士的慶功宴上，召樹屯還是沒有看見蘭吾羅娜的身影，他再也忍不住了，說道：「多虧了蘭吾羅娜想出的誘敵深入的辦法才打敗了敵人，但現在她到哪兒去了呢？」

召猛海一聽，這才如夢初醒，卻已悔之莫及。他把逼走蘭吾羅娜的前因後果告訴了召樹屯，這真是一場突如其來的打擊，召樹屯只覺天旋地轉，昏倒在地。

甦醒過來後，他的心中想的只有把蘭吾羅娜找回來：我不能沒有她，沒有她我的生命還有什麼意義？

他找到獵人朋友，問清楚原來蘭吾羅娜的家鄉在遠隔千山萬水的地方。跨上戰馬，召樹屯又出發了，懷著獵人朋友送的三支具有魔力的黃金箭，懷著對蘭吾羅娜矢志不渝的愛，他克服了重重困難，來到了一個山谷入口。

山谷口被兩座大象一樣的山封住了，召樹屯用第一支黃金箭射開了一條出路，進入了山谷。經歷了漫長而艱辛的拚搏，不管全身傷痕纍纍，不管前程凶險莫測，他終於到達了孔雀公主的家鄉。

　　孔雀國的國王卻因為覺得召樹屯的族人對蘭吾羅娜不公平，決定考驗一下召樹屯是否具有保護蘭吾羅娜的本領，否則就不讓蘭吾羅娜回去。

　　國王讓七個女兒頭頂蠟燭，站到紗帳後面，讓召樹屯找出他的妻子，並用箭射滅燭火。召樹屯內心平靜下來，憑著對蘭吾羅娜的思念，用第二支黃金箭射滅了蘭吾羅娜頭頂的燭火，終於得到了與孔雀公主重逢的那一刻。他們含著淚再次擁抱，發誓從此永不分離。

　　回到家裡，召樹屯問明父親，知道原來是那個惡毒的巫師陷害蘭吾羅娜，就去找巫師報仇。

　　那巫師其實是一隻禿鷹變的，聽聞召樹屯來找他，立刻化成原形，飛上天空想逃跑，召樹屯抽出最後一支黃金箭，正義之氣隨著箭像閃電一樣，將萬惡的巫師射死了。

　　從此，那象徵和平與幸福的孔雀公主的神話故事就在傣族人民中廣為流傳，感動著一代又一代人們的心靈。

龍女拜觀音

　　在觀音菩薩身邊，有一對童男童女，男的叫善財，女的叫龍女。龍女原本是東海龍王的小女兒，生得眉清目秀，聰明伶俐，深得龍王的寵愛。一天，她聽說人間在玩魚燈，異常熱鬧，就吵著要去觀看。

　　龍王捋捋龍鬚搖搖頭說：「那裡地荒人雜，可不是你龍公主去的地方呵！」

　　龍女又是撒嬌又是裝哭，龍王總是不依。龍女嘟起小嘴巴：心裡想道：你不讓我去，我偏要去！好不容易挨到三更天，便悄悄溜出水晶宮，變成一個十分好看的漁家少女，踏著朦朧月色，來到鬧魚燈的地方。

　　這是一個小漁鎮，街上的魚燈多極啦！有黃魚燈、鰲魚燈、章魚燈、墨魚燈、鯊魚燈，還有龍蝦燈、海蟹

燈、扇貝燈、海螺燈、珊瑚燈⋯龍女東瞧瞧、西看看，越看越高興，竟忘情地往人群裡擠。不一會兒來到十字路口，這裡更有趣呢！魚燈疊魚燈，燈山接燈山，五顏六色，光華璀璨。龍女似癡似呆地站在一座燈山前，看得出了神。

誰知這時候從閣樓上潑下半杯冷茶來，不偏不倚正潑在龍女頭上。龍女猛吃一驚，叫苦不已。原來變成少女的龍女，碰不得半滴水，一碰到水，就再也保不住少女模樣了。

龍女焦急萬分，怕在大街上現出龍形，招來風雨沖塌燈會，於是不顧一切地擠出人群，狠命地向海邊奔去。剛剛跑到海灘，突然「忽喇喇」一聲，龍女變成一條很大很大的魚，躺在海灘上動彈不得。

正巧，海灘土來了一瘦一胖的兩個捕魚小子，看到這條光燦燦大魚，一下子愣住了。

「這是什麼魚呀！怎麼會擱在沙灘上呢？」胖小子膽子小，站得遠遠的說：「從來沒有看過這種魚，恐怕是不吉利，快走吧！」

瘦小子膽子大，不肯離去，邊撥弄著魚邊說：「不管它是什麼魚，扛到街上去賣，準能賺筆外快用用？」

兩人嘀咕了一陣，然後扛著魚，上街叫賣去了。

　　那天晚上，觀音菩薩正在紫竹林打坐，早將剛才發生的事情看得一清二楚，不覺動了慈悲之心，對站在身後的善財童子說：「你快到漁鎮去，將一條大魚買下來，送到海裡放生。」

　　善財稽首道：「菩薩，弟子哪有銀兩去買魚呀？」觀音菩薩笑著說：「你從香爐裡抓一把去就是了。」

　　善財點頭稱是，急忙到觀音院抓了一把香灰，踏著一朵蓮花，飛也似地直奔漁鎮。這時，兩個小子已將魚扛到大街，一下子被觀魚燈的人圍住了。稱奇的、讚歎的人問價的，嘰嘰喳喳，議論紛紛，可是誰也不敢貿然買這麼一條大魚。有個白鬍子老頭說：「小子，這條魚太大了，你們把它切開來零賣吧？」

　　胖小子一想，覺得老頭說得有理，於是向肉鋪借來一把刀，舉起來就要切魚。

　　突然，一個小孩子大叫：「快看呀？大魚流眼淚了。」

　　胖小子停刀一看，大魚果然流著兩串晶瑩的眼淚，嚇得丟掉手上的刀子就往人群外面鑽。瘦小子怕外快泡湯，趕緊撿起刀子要切，卻被一個氣喘吁吁趕來的小沙彌阻止住了：「不要切了！這條魚我買下了。」

　　眾人一看，十分詫異：「小沙彌怎麼買魚來了？」

　　那個老頭哼了一聲，翹著山羊鬍子說：「和尚買魚，怕是要開葷還俗了吧？」

　　小沙彌見眾人冷語譏笑，不覺臉紅了，趕緊說：「我買這條魚是去放生的！」說著，掏出一撮碎銀，遞給瘦小子，並要他們將魚扛到海邊。

　　瘦小子暗自高興：「外快賺進了！扛到海邊，說不定等小沙彌一走，依舊能把這條大魚扛回來呢！」他招呼胖小子扛起大魚，跟著小沙彌向海邊走去。

　　三人來到海邊，小沙彌叫他們將大魚放到海裡。那魚碰到海水，立即打了一個水花，游得老遠老遠，然後掉轉身來，和小沙彌點了點頭，倏忽不見了。

　　瘦小子見魚游走了，這才斷了再撈外快的念頭，摸出碎銀，要分給胖小子。不料攤開手心一看，碎銀變作了一把香灰，被一陣風吹得無影無蹤。轉眼再找小沙彌，也不知去向了。

　　再說東海龍宮裡，自從不見了小公主，宮裡宮外亂成一窩蜂。龍王氣得龍鬚直翹，海龜丞相急得頭頸伸出老長，守門官蟹將軍嚇得亂吐白沫，玉蝦宮女怕得跪在地上打顫……一直鬧到天亮，龍女回到水晶宮，大家才鬆了口氣。

　　龍王瞪起眼睛，怒氣沖沖地呵斥道：「小孽畜，你

膽敢犯宮規，私自外出！說！到哪裡去了？」

　　龍女一看龍王動了怒，知道撒嬌也沒有用了，便照實說：「父王，女兒觀魚燈去了，要不是觀音菩薩派善財童子來救我，女兒差點沒命！」接著將自己的遭遇講了一遍。

　　龍王聽了，臉上黯然失色。他怕觀音將此事講了出去，讓玉皇大帝知道了，自己就得落個「教女不嚴」的罪名。他越想越氣龍女，一怒之下，竟將她逐出水晶宮。

　　龍女傷心極了，茫茫東海，到哪裡去安身呢？第二天，她哭哭啼啼來到蓮花洋。哭聲傳到紫竹林，觀音菩薩一聽就知道是龍女來了，她吩咐善財去接龍女上來。善財蹦蹦跳跳來到龍女面前，笑著問道：「龍女妹妹，你還記得我這個小沙彌嗎？」

　　龍女連忙揩掉眼淚，紅著臉說：「你是善財哥哥呀？你是我的救命恩人呢！」說著就要叩拜。

　　善財一把拉住了她：「走，觀音菩薩叫我來接你呢！」

　　善財和龍女手拉手走進紫竹林。龍女一見觀音菩薩端坐在蓮台上，俯身便拜。觀音菩薩很喜歡龍女，讓她和善財像兄妹一樣住在潮音洞附近的一個巖洞裡，這個巖洞後來稱為「善財龍女洞」。

從此，龍女就跟了觀音菩薩。可是龍王反悔了，常常叫龍女回去。但龍女依戀著普陀山的風光，再也不願回到禁錮它的水晶宮去了。

34 望鄉台的傳說

從前，在豐都名山絕頂處，每到夜裡都有一些遊魂厲鬼在那裡失聲痛哭，哭聲驚天動地，吵得整座地府都不得安寧。

閻王每夜聽見鬼哭，心情十分煩躁，於是宣平鬼元帥鍾馗上殿，說道：「愛卿，你可知道這些日子，夜裡為何有鬼哭聲呢？」鍾馗答道：「卑職剛從陽間斬鬼回

來，尚未知曉。」

閻王道：「孤令你前去查看，凡上山哭泣者一律斬首。」鍾馗領命而去。

當天晚上，鍾馗提著寶劍來到山頂，果見朦朦朧朧的夜色中，一些鬼魂聚在崖邊大聲哀嚎，一個個無精打采，愁容滿面，雙目失神，哭得實在讓人難受，好像誰家死了人一樣。

鍾馗大惑不解，舉起青鋒寶劍大聲喝道：「深更半夜的，你們平白無故跑到山頂來哭啥？」

誰知那些鬼聽了，反而更加悲痛欲絕，兩頰淚水長流，哭得更傷心了。

鍾馗見此情景，也禁不住心情沉重，指著一個低頭啜泣的哭鬼問道：「你為什麼傷心落淚呢？」

那鬼哭道：「回稟老爺，小人生前是種田的，因妻子生病，小人去集鎮抓藥，糊里糊塗地就被一個炸雷劈死了。」

「生死有命，你休怨天尤人。」

「小人不怨天，不怨地，只怨自己的命不好，好不容易娶了個媳婦，恩恩愛愛才過了三年，就陰陽分離，也不知她的病好了沒有，想起來實在是讓人牽腸掛肚，好不傷心。」

　　「一日夫妻百日恩，恩愛夫妻不能離，你想你媳婦也是人之常情。」鍾馗放下舉起的寶劍，內心十分躊躇為難：若要懲治這些哭鬼，他們又事出有因，沒什麼罪惡；若是不治，又確實哭得惱人，他沉吟半晌，收劍而去。

　　走不多遠，又見一面色蒼白，兩眼紅腫的女鬼，一邊用頭撞著巖壁，一邊放聲大哭。

　　鍾馗此刻再也忍耐不住，上前問道：「你又為何在此痛哭？」

　　「想我女兒。」

　　「你女兒現在何處？」

　　「在陽間。」

　　「骨肉之情，精血相連，哪有不想的。」鍾馗點了點頭，頓生憐憫。

　　他提著寶劍在山上轉了半天，一連問了好幾個哭鬼，這些鬼魂不是想兒女，就是想父母，他們來到地府，因思念故土，思念親人，終日悶悶不樂，茶飯不思，聽說名山絕頂處的懸崖邊能遙望陽間，便趁著黑夜紛紛跑上山來，誰知陰陽一紙相隔，任憑他們望穿秋水，哭斷肝腸，眼前除了一片茫茫霧海，哪裡能見親人的影子？於是就忍不住傷心大哭起來。

鍾馗聽了，心裡很不是滋味，如石擊入心田，泛起層層波瀾，心想：自那日別了父母兄妹，親朋好友，到京城長安應試，遇上奸賊盧杞，自己氣憤不過，自刎在金鑾殿上，被德宗皇帝封為驅魔大神來到豐都城，便遍行天下斬妖除魔，不知不覺十年過去了，也沒有見過家人一面，不知他們現在怎麼樣了。

想那日老父把自己送到十里山坡，千叮萬囑，揮淚而別，說不定現在還苦盼著自己的消息呢！想到此，不由黯然神傷，淚濕衣襟。

「鍾元帥，這個鬼魂私自溜出鬼門關，想逃回陽間，閻羅王吩咐押來交你處治。」一個小鬼報道。

鍾馗回過神來，見兩個鬼卒押著一個年輕女鬼站在面前，那女鬼面容憔悴不堪，見了鍾馗也毫無懼色，只顧低頭哭泣。

鍾馗喝問道：「你為何要逃跑？」

女鬼回答：「我要回陽間看我的父母。」

「你既然已作鬼魂，為何還要思念凡塵。」

「我父母都快七十歲了，中年得子，好不容易才養大我這個獨生女，養兒養女為送終，誰知白髮人送了黑髮人，我死了，還不知父母現在是否仍哭得死去活來呢！而我今年才二十八歲呀。」

「陰曹律條嚴明，你私自逃出鬼門關，你不怕遭受陰間刑罰嗎？」

「只要能見父母一面，就是打入十八層地獄我也情願。」說著，又嗚嗚地哭了起來。

鍾馗陡然感到非常難過，好像有什麼東西在咬著他的心一樣，揮了揮手，道：「你走吧……」

兩個鬼卒在一旁看了，都感到有些莫名其妙，急道：「她違反陰律理當嚴懲，要是陰天子知道了……」

鍾馗道：「閻君那裡，自有我去交代！」說罷，快步離去。

鍾馗來到天子殿，閻羅王見他臉色憂鬱，十分不解，問道：「孤派你去斬鬼，為何悶悶不樂？」

鍾馗交出寶劍，伏地奏曰：「萬歲，臣不稱職，請你另派神明去吧！」

閻羅王道：「愛卿來到陰曹，一向辦事神速認真，斬妖除魔，立下赫赫戰功，從沒打過退堂鼓，今天是怎麼啦？」

「陛下，這次我實難從命，卑職情願受罰。」

「莫非愛卿遇到了什麼為難之事？」

鍾馗突然抱頭痛哭，淚如泉湧，閻王見此，更是惶惑不安，不知何故，走下寶座，雙手將鍾馗扶起，溫言

說道：「愛卿有事儘管直言，孤決不怪你。」

鍾馗擦了擦眼淚，顫聲說道：「那些來到地府的鬼魂，因思念陽間的親人而傷心痛哭，人都是父母所生，豈能無情呢？卑職不忍下手，故只好請萬歲罷免我這平鬼元帥之職。」

閻羅王聽了，沉默不語。

晚上，他脫下官袍，穿上便服，來到山崖便暗暗察訪，見鍾馗之言果然屬實，心裡頓感急躁不安，一連幾天都沉默寡言，茶飯不思。

判官見此很是擔憂，建議道：「如能讓地府亡魂與他們陽世的親人見面……」

閻羅王眼睛一亮，茅塞頓開，大喜道：「你說得對，想辦法讓他們見見親人，不就了卻了他們的思念之苦！」

閻羅王立即召集地府文臣武將商議，決定修一座「望鄉台」，讓陰曹亡魂遙望自己生前的家鄉與親人。

從此以後，鬼魂的哭聲消失了，豐都名山絕頂處，天子殿旁邊就多了一座望鄉台，高楹曲欄，巍峨宏偉，聳立雲端，每年正、二月香會，這裡香火特盛，香客雲集，一些香客在此台焚香祈禱，期與死去的父母和親友相會。傳說，那裡就是亡魂與家中親人遙遙相見的地方。

石頭星和燈草星的傳說

　　夏天抬頭仰望夜空，能看見銀河邊上有顆閃著亮亮的白光的星星，那就是石頭星；而離石頭星不遠在銀河裡還有一顆略微發紅的星星，就是燈草星。

　　據說很久以前，這兩顆星星在銀河一邊，同樣發著白光，他們是住在銀河邊的一個老漢的兩個兒子。

　　這個老漢的前妻死了，留下一個兒子，後來老漢為了找個人照顧兒子，就又找了一個老婆，結果這個老婆就又生了一個兒子。這樣，這兄弟兩個，一個是前娘生的，一個是後娘生的。

　　後娘有了自己的孩子，就只疼她自己的親生兒了，對前娘的孩子不管不問，還老讓他做重活。有一天，後娘讓弟兄兩個到河對岸去賣點石頭和燈草賺錢。石頭和

燈草各有一擔，後娘偏心，就叫前娘的兒子挑著裝石頭的擔子，叫自己的兒子挑著裝燈草的擔子。

後娘的孩子因為挑了一擔燈草，一點兒也不重，所以一開始他走的很快，不一會兒超過了前娘的孩子。而前娘的孩子擔的是石頭，很重，所以只能慢慢的，一步一步的往前走。

兄弟兩個一個在前面輕輕鬆鬆地走，一邊還觀賞著河岸的風光。另一個則因為挑的擔子太重了，一步一搖，在後面走的很慢，也無心欣賞河邊的風光。

不一會兒，兩人來到了河邊要過河了。後娘的孩子擔子輕，在前面走，不一會兒來到了河中心，但是後娘的孩子覺得肩膀上的擔子漸漸重了起來，原來是因為曬得乾乾的燈心草一見水立馬就吸水，不一會兩個筐子裡的燈心草都吸滿了水，再加上後娘的孩子平時嬌生慣養，水性不好，就沒有了力氣，結果越走越吃力，越來越慢。而前娘生的孩子，因為他挑的是石頭，石頭經水不但不會變重，反而會因為水的浮力的原因會輕些，加上他水性好，力氣大，所以他不費力氣就過了河。

後娘的孩子，因為燈心草越來越重，再也走不動了，又因為銀河水底泥水多，他只好在河中心掙扎，結果臉都掙紅了，還是上不了岸。

從此以後，他就成了銀河中心發著微弱的紅光的一顆星星，因為他挑的是燈心草，所以人們就叫他燈草星，而挑石頭的哥哥就叫做石頭星。

36 烏龍茶的傳說

傳說烏龍茶起源於福建武夷山上的楊梅嶺。從前楊梅嶺上有一戶人家，倆夫妻老來得子，年紀已六十出頭了，只有一個兒子，才十二歲。

兒子長得十分俊秀，結結實實，健健康康，從小就很乖巧，七八歲上就能幫爹娘幹活。爹喜歡他，娘也喜歡他，就給他取個名字叫喜兒，全村人都誇他是能幹的

好孩子。

　　老夫妻吃盡了不識字的苦，他們疼愛兒子，不願讓他做個明眼瞎子，就把他送到村中小廟裡的私塾去讀書。有一天，學堂裡放了早學，十來個毛頭小孩子，便一窩蜂似地奔到村外去玩了。

　　喜兒跟夥伴們玩了一會，看看村子前頭的煙囪已在冒煙，想起媽媽要做午飯了，便急匆匆地跑回家去。他一腳跨進門，就聽見媽媽叫：「喜兒呀，水缸空啦，給我去拎桶水來。」

　　喜兒應一聲，放下書包，拿起水桶走了。走到溪邊，看見有兩條泥鰍在水裡游來游去的搶一顆珠子，他覺得很有趣，便把泥鰍趕開，將那顆珠子撈了起來。

　　喜兒拎著一桶水，捏著一顆珠子，高高興興地往家裡走，想著回家給母親看看他從泥鰍那兒拾來的珠子。別的孩子見他拾到好玩的東西，就蹦呀跳呀跑過來要看一看。

　　他怕別人拿了珠子不還他，就把珠子緊緊捏在手心裡，舉得老高老高的。孩子們哪裡肯放，一聲喊就擁上來搶，喜兒招架不了這許多人，連忙把珠子含到嘴裡。孩子們便擰他的臉蛋，掰他的嘴巴，還在胳肢窩裡呵癢。

　　喜兒想喊媽媽來解救，他嘴巴一張，不料聲音沒喊

出，那珠子卻「咕嘟」吞進肚子裡去了。孩子們眼看沒辦法了，就只好散去了。

喜兒吞下珠子，覺得很可惜。他回到家裡，媽媽還沒有做好午飯，喜兒閒著沒事，就解開書包，拿出筆墨紙硯，放匙水，磨窪墨，正正經經地伏在桌子上描紅字。

過一會兒，媽媽從灶下端出飯菜，招呼兒子吃飯。

看到兒子的樣子，不覺嚇了一跳。她看見兒子面孔脹得發紫，眼睛像銅鈴般地突了出來，頭上生出丫丫叉叉的兩隻角，嘴巴裂到耳朵邊上，喉嚨裡「呼隆，呼隆」地響得像打雷一般，身子也越變越長了。

原來喜兒吞進肚皮裡去的是一顆龍珠──他變成龍了。

龍本性喜水，龍要有水才能飛騰呀！喜兒看看周圍沒有水，自己又渴的難受，就把頭伏到硯台裡，舐去剛才磨的一窪墨水。墨水到了他肚子裡，馬上把他變成一條渾身墨黑的烏龍。

烏龍得了水，「嘩啦啦」衝出房屋，騰空飛了起來。烏龍越飛越高，越飛越遠，身子也越變越粗，越變越長，龍頭鑽進烏雲裡，龍尾巴卻拖在楊梅嶺上。

霎時間，烏雲遮住了太陽，狂風呼呼地刮，雷聲隆隆地響，暴雨嘩嘩地下，烏龍吞雲吐霧朝東方飛去。兒

是爹娘的心頭肉,怎捨得他遠走高飛!老夫妻冒著狂風大雨,跌跌撞撞地跑出屋外,一面追趕,一面喊叫:「喜兒呀,回來,快回來呀!」倆老人喊來喊去,嗓子也喊啞了。

皇天不負有心人,爹喊一聲,娘叫一聲,一聲接著一聲;烏龍聽見爹娘喊他,就一叫一停一回頭。爹喊了九聲,娘叫了九聲,烏龍總共停了十八停,回了十八次頭。這時他已經到了錢塘江上空,把身子向下降落,順江游到東洋大海去了。

烏龍尾巴九個瓣,在楊梅嶺上拖過,刮出九道溝溝,溝溝裡灌滿了雨水,潺潺地流成九條溪;烏龍一路回了十八個次頭,他回頭的地方積起了十八個沙灘,那就是人們常說的「九溪十八灘」。

37 黃河的傳說

　　傳說很久很久以前，黃河是兩匹怪獸——黃風和黑風的管轄區。黃風和黑風讓它任意奔流，好像一隻齜牙咧嘴的怪物，日夜怒吼，滔滔不息，吞噬著萬頃良田，咬囓著千萬重山，黃河兩岸的回漢人民只能在山尖、溝底過著艱苦的生活。

　　那時候，寧夏還不是一馬平川的塞上平原，而是青山重疊，溝壑縱橫，沒有一塊平坦坦的田地，也沒有一塊田能灌上黃河水。

　　那時候在牛首山上住著幾戶回人和漢人，他們祖祖輩輩在山底挑水，在山頭上種地，老老小小一年到頭忙個不停，卻吃不飽，穿不暖。

　　有一年，一個七十開外的回族老漢，名叫爾德，在

山上開闢了一個瓜果園，種了些黃瓜。他每天早出晚歸，到黃河挑水澆黃瓜，肩膀壓腫了，腳底也起水泡了，他用心地看護著黃瓜，黃瓜長得又嫩又甜，眼看黃瓜就要收穫了，爾德老漢看在眼裡，喜在心裡。

這一天爾德老漢累了，躺在菜園門上睡著了。他剛睡熟，就夢見天空飄來一朵白雲，那白雲上坐了一個白鬍子老頭，抖動著銀色的鬍鬚，對爾德老漢說：「今天有兩場大風，你要注意。中午是一場黃風，會把黃瓜吹偏；下午有一場黑風，會使黃瓜蒂落，不管有多大的風，你都不要把黃瓜摘下來。」

爾德老漢驚醒一看，不見了白鬍子老頭，卻見北面黃風彌天蓋地，霎時颳到牛首山來了。爾德老漢細細看著黃瓜，果然一個個倒了，他心裡非常難過，一年的血汗白費了，但一想起白鬍子老頭的話，就沒有動。

到了下午，一股黑風過，吹得山搖地動，塵土漫天，樹葉飛揚。爾德老漢一看，黃瓜快要被吹落地了。他想到自己一年起早出晚歸的挑水澆地，現在一無所獲，他氣得摘掉了一個黃瓜使勁扔進了黃河。

說也奇怪，黃瓜一掉進黃河，黃河馬上斷了一條線，像神仙用刀切過一樣，清清楚楚地看見了河底。爾德老漢急忙撲下山去看，剛到山下，河水「嘩」地一下

又併攏了。老漢又累又餓，坐在河岸上，眨眨眼睛，金花亂舞，暈暈昏昏的就什麼也不知道了。

那位白鬍子老頭說：「這黃瓜就是馴服黃河的鑰匙，它可以叫黃河斷流，也可叫黃河聽人的話，但現在黃河被黃風和黑風這兩個怪獸折騰的不行，你不能心急，要有耐心，要下更大的工夫。明年，你再種一園子黃瓜，黃瓜熟了的時候，你揀最大的一個扔進黃河裡，那時，你走進河底洞裡，珠寶由你挑，糧種任你拿，還有一把寶劍可以斬龍殺妖，馴服黃河，你指哪裡，黃河水就流向哪裡。」

爾德老漢相信了白鬍子老頭的話。

第二年，勤勞的爾德老漢又種了一園子黃瓜，他不怕路遠，不惜流汗，天天從黃河挑水澆瓜。皇天不負苦心人，春去秋來，園子裡結了一個三尺長的黃瓜，長得像一把鑰匙。老漢高興地日夜睡在瓜園裡，一直等到瓜熟。

這一天，天氣晴得沒一點兒雲彩，爾德老漢把那三尺長的黃瓜摘下來，扔進黃河裡。這時只聽黃河一聲巨響，從中間裂開了一條長縫，河底的石頭都看得清清楚楚。

爾德老漢下到河底，果然見靠著河岸有個洞，洞裡

珍珠瑪瑙應有盡有。老漢拿了些，又從洞裡拿出寶劍，剛往外走時，聽得一陣暴風狂吼，黑和黃兩股旋風絞在一塊兒刮過來，一時河面上波濤滾滾，一浪高過一浪，彷彿黃河在痛苦地翻滾。

爾德老漢拿起寶劍向那黑旋風和黃旋風左右猛劈幾十劍，一會兒，黑風和黃風吹出天邊去了，黃河恢復了平靜。

這時，黃河的斷縫漸漸地合起。爾德老漢想起白鬍子老頭的囑咐，這寶劍可以征服黃河，他心想：我要叫黃河填滿溝壕，淤平山梁。

老漢手持兩把寶劍，向黃河猛劈下去，黃河的水流到寶劍的地方就被堵住了，不再往前流了，好像前面堵了一道長城，流水只是節節升高。

三天以後，南至六盤山，西至賀蘭山，到處都是水，只留下幾個山尖尖。爾德老漢這才抽出寶劍，叫黃河水向前流去。從此以後，山大溝深的寧夏，變成了一馬平川，居住在黃河兩岸的回漢人民靠著自己勤勞的雙手，開渠造田，過著幸福的生活。

38

杜鵑花

　　杜鵑花在每年的五月到七月之間開放，花開時漫山遍野，花團錦簇，要說這杜鵑花的來歷，還有一段故事。

　　從前在閩東山區杜家村裡有一戶窮人家，兩個兒子和年邁的母親相依為命。大兒子叫杜大，年三十餘未婚，弟弟叫杜二，年方十八九，兄弟以販賣私鹽為生，養活老母。杜大力大，一次可挑鹽三百斤，是家裡的頂樑柱，杜二力小，一擔不過一百斤，自己可勉強餬口，幫忙補貼一下家裡。

　　有一天，弟兄倆賣鹽，杜大經過一處街坊歇肩的時候，由於擔子太重，鹽擔滑下來，把一個小孩壓死了。人命關天，小孩的父母把杜大告上官府，杜大被官府抓去，關在監牢裡，待判死刑。

杜二一個人賣鹽，奉養老母，十分困難。一次，杜大對來探監的弟弟說：「再過兩天，我就要被執行死刑了，你要在家裡好好照顧母親啊！」兄弟倆抱頭痛哭。

哭了一陣子，弟弟說：「讓我去替死吧！我死只死一個，你死便死三個。因為我力氣小，挑鹽掙的錢，不能養活母親，我們二人遲早都會餓死。」說著弟弟把哥哥推出門外，自己進了牢房。過了兩天，杜二作了杜大的替死鬼。

可是杜大怕事，出來後怕再被抓進去，並沒有回家侍母，不知藏到哪裡去了。杜二靈魂就化作杜鵑鳥，到處飛叫：「哥哥回來！哥哥回來！」叫來叫去，找不到杜大，他的靈魂又急又怕，一直叫到口中滴出鮮血。

他滿山遍野地叫，鮮血滴的滿山遍野，第二年，滴血的地方長出了紅杜鵑。此後，每年春天滿山一片紅杜鵑花，人們都說，這是杜二的紅心與孝心。

就在杜二到處找哥哥的時候，有人發現，距杜家村數十里的九峰山後，常有許多山羊，仰天嚷著：「媽！媽！媽！」好奇的人進山去看，在羊群叫嚷處，有一具腐屍，從衣服看出這就是杜大。屍旁長出一株有毒杜鵑，開著黃色的花。

消息傳到杜家村，大家都說杜大貪生怕死，害了一家，死後變成毒草大家叫它鬧羊花（即羊躑躅）。

39

百鳥朝鳳

在很久很久以前，當時的鳳凰只是一隻不起眼的小鳥，羽毛也很普通，絲毫不像傳說中的那般光彩奪目。但它很勤勞，不像別的鳥兒那樣好吃懶做，而是從早到晚忙個不停，將別的鳥扔掉的果實都一顆一顆撿起來，收藏在洞裡。可是這有什麼用呢，這不是財迷精，大傻瓜嗎？但既然他撿了就一定有它的用處的。

果然，有一年，森林裡大旱，鳥兒們覓不到食物，都餓的頭昏眼花，快支撐不下去了。這時，鳳凰急忙打開山洞，把自己多年積存下來的乾果和草籽拿出來分給大家，和大家共渡難關。

旱災過後，為了感謝鳳凰的救命之恩，鳥兒們都從自己身上選了一根最漂亮的羽毛拔下來，製成了一件光

彩耀眼的百鳥衣獻給鳳凰，並一致推舉它為鳥王。

以後，每逢鳳凰生日之時，四面八方的鳥兒都會飛來向鳳凰表示祝賀，這就是百鳥朝鳳。

40 明珠

古時候，天河東邊的石窟裡住著一條雪白的玉龍，天河西邊的大樹林裡住著一隻彩色的金鳳。

玉龍和金鳳是鄰居，每天早晨他們一個鑽出石窟，一個飛出樹林，互相打個招呼就忙著各做各的事了，有一天，他倆一個在天空飛，一個在天河游，飛呀，游呀，不知不覺就來到一個仙島上，在島上他們發現了一

塊亮晶晶的石頭。

金鳳很喜歡，就對玉龍說：「玉龍玉龍，你看這塊石頭多好看呀！」

玉龍也很喜歡，就對金鳳說：「金鳳金鳳，我們把它琢磨成一顆珠子吧？」

金鳳點頭說：「好啊。」

於是他倆就動工了。

玉龍用爪子抓，金鳳用嘴啄，一天又一天，一年又一年過去了，他倆真的把石頭琢成了一顆圓滾滾的珠子。金鳳高興地飛到仙山上銜來許多露珠，滴到珠子上；玉龍快活地游到天河裡吸來許多清水，噴到珠子上。就這樣慢慢地這顆珠子就變得明光閃亮了。

從此以後，玉龍喜歡金鳳，金鳳也喜歡玉龍；玉龍和金鳳都喜歡他們的明珠，玉龍不願回天河東邊的石窟去了，金鳳也不願再回到天河西邊的那個樹林，他倆就住在天河中的仙島上，日夜守著自己的明珠。這顆明珠真是一顆寶珠，珠光照到哪裡，哪裡的樹木就會常青，百花齊放，山明水秀，五穀豐收。

這一天，王母娘娘正好走出宮門，一下就看見這顆明珠的寶光，心裡非常羨慕，到半夜時光，她就派一個親信的天兵，乘玉龍和金鳳睡熟的時候，悄悄地把這顆

明珠拿走了。王母娘娘得到明珠，喜歡的不得了，也不允許別人碰，把它藏到仙宮裡頭，外面關起九重門，鎖上九道鎖。

玉龍和金鳳，一覺醒來，發現明珠不見了，他倆都非常著急！玉龍找遍了天河底下的每一個石窟，沒有找到；金鳳尋遍了仙山上的每一個角落，也沒有尋著，他倆傷心極了，但還是日日夜夜地到處尋找，一心想把心愛的明珠找回來。

王母娘娘生日的那一天，四面八方的神仙都趕到仙宮來祝壽。王母娘娘擺下盛大的蟠桃會請眾神仙，神仙們喝著美酒，吃著蟠桃，祝賀王母娘娘：福如東海，壽比南山。

王母娘娘一時高興，就對眾神仙說：「眾位仙家，我請你們看一顆珍貴的明珠，這是天上難找，地下難尋的寶珠啊！」說著，就從衣帶上解下九把鑰匙，打開九道鎖，走進九重門，從裡面取出那顆明珠，用金盤端著放在廳堂中間，明珠亮晶晶，綻放出耀眼光芒，神仙們看了都叫好。

這時，玉龍和金鳳正到處尋找他們的明珠，金鳳突然發現了明珠放出的亮光，就忙叫玉龍：「玉龍玉龍，快過來看那不是我們明珠放出來的亮光嗎？」

　　玉龍從天河裡鑽出頭來，一看驚叫道：「是呀，一定是我們的那顆明珠，快把它找回來！」

　　玉龍和金鳳立刻朝著明珠的亮光飛去，一直找到王母娘娘的仙宮裡，那些神仙們正在伸頭探腦圍著明珠叫好，玉龍上前說：「這顆明珠是我們的！」

　　金鳳也說：「這顆明珠是我們的！」

　　王母娘娘一聽火了，衝著玉龍、金鳳張口就罵：「胡說！我乃一宮之母，天上的寶物都是我的。」

　　玉龍和金鳳一聽火氣也上來了，一同向王母娘娘說：「這顆明珠不是天上生的，也不是地下長的，是我倆辛辛苦苦，一天又一天，一年又一年琢磨出來的！」

　　王母娘娘一聽，又羞又急，伸手護住放著明珠的金盤，喝叫天兵天將，把玉龍和金鳳趕出去。金鳳和玉龍見王母娘娘不講理，撲過去就搶明珠，就這樣三雙手都抓住金盤，誰也不肯放鬆。

　　你拉我扯，推推嚷嚷，金盤一搖晃，明珠就滾下來，滾到階沿邊，從天上掉到地下去了。玉龍和金鳳見明珠往下掉，急忙翻身跟下來保護。玉龍游著，金鳳飛著，他倆一會兒在前，一會兒在後，一會兒在左，一會兒在右，保護著這顆明珠，慢慢地從天空降落到地面上。

　　這顆明珠一到地上，立刻變成了清澈的西湖，玉龍

捨不得離開自己的明珠，就變成一座雄偉的玉龍山守護它；金鳳也捨不得自己的明珠，就變成一座青翠的鳳凰山來守護它。

從此鳳凰山和玉龍山就靜靜地站在西湖的旁邊。直到現在，杭州還流傳著兩句古老的歌謠：西湖明珠從天降，龍飛鳳舞到錢塘。

龍公主戲神珠

相傳在很久以前，燕窩島有個年輕後生，家裡很窮，十五、六歲就到老闆船上去做雜工。小伙子敦厚老實，手腳勤快，還吹得一手好漁笛。

一天早晨，漁船揚帆出海，撒網捕魚，可是拉上來

一看，網袋是空空的，他們換了不同的漁場撒了一網又一網。大家都很鬱悶，船老大看夥計們一個個愁眉苦臉，便對小伙子說：「小子！吹曲笛子吧，讓大家消消愁，解解悶！」於是小伙子坐在船頭上，吹響了漁笛。

婉轉動聽的笛聲在海面蕩漾。一首曲子吹完，船老大才叫大伙去拉漁網。可是，漁網一節一節拉上來，全是空的。大伙心裡涼了半截，再拉起最後一節網袋，猛地往船板上一摜，忽然，網袋裡衝出一道金光，把漁船照得亮通通，大夥嚇呆了！

仔細一看，原來捕到了一條金燦燦的魚，這條魚渾身金鱗閃亮，背脊上有一條鮮紅色的花紋，頭頂紅彤彤，嘴唇黃澄澄，唇邊還長著兩條又細又長的鬍鬚。

「這是什麼魚？」大夥都很驚訝，從來沒見過這樣的魚啊，只有船老大一個人知道，他告訴大家，這是一條非常稀罕名貴的黃神魚，吃了這種魚能補身強筋骨，有黃神魚的地方，一定有魚群。

船老大望著黃神魚，笑嘻嘻地說：「小子，你去剖魚燒魚羹請大家嘗嘗鮮補補神，好捕個大網頭，一網魚裝三艙！」

夥計們聽了滿心歡喜，有的搖檜，有的撒網，只有那個小伙子看著黃神魚發愣：這樣好的魚殺掉燒魚羹，

多可惜啊！他心裡捨不得，手裡卻拿起刀，在磨石上擦擦地磨了兩下，嚇得黃神魚亂蹦亂跳。

小伙子張開雙手捉魚。你往東，它跳西，你往西，它跳東，怎麼抓也抓不住，把小伙子累得直喘氣。突然，他聽到一陣女孩子的哭泣聲，感到奇怪，船上哪來的姑娘？他疑惑地四下一望，只見黃神魚躺在艙板上，嘴巴一張一閉，雙眼噗噗流淚。

小伙子看呆了，自言自語地說：「黃神魚呀，老大要殺你，我可心不忍啊！」

黃神魚忽地跳到他的腳邊，苦苦哀求：「放我回去吧！放我回去吧！」

小伙子越發驚奇，蹲下身子問道：「是你在和我說話嗎？莫非你通靈性？」黃神魚點點頭，眼淚簌簌流下來。

小伙子心腸軟，用手揩揩黃神魚的臉，這一揩，黃神魚哭得更傷心，眼淚像一串珍珠斷了線。小伙子鼻子一酸，同情地說：「別哭！別哭！我放了你，放你歸大海！」於是小伙子手捧黃神魚，走到船舷邊，黃神魚尾巴一翹，頭一抬，撲通一聲躍進了大海。

海面上咕嚕嚕一陣響，泛起一朵朵銀白色的浪花，浪花中間冒出一個姑娘，嬌滴滴，水靈靈，長得又年輕又美麗，一雙大眼睛直盯著小伙子，噗哧一笑：「呵，你怎麼哭了？」小伙子窘得滿臉通紅，急忙用剛才替黃神魚揩

過眼淚的手，揉了揉眼睛，定睛再看，姑娘不見了。

原來，這姑娘是東海龍王的三公主。她在龍宮裡玩膩了，化作黃神魚，悄悄地溜出龍宮，混在魚群裡到處遊蕩。突然，一陣笛聲自遠而近，她側耳細聽，喲！多麼婉轉，多麼動聽！她循聲找尋吹笛人，找呀找呀，一個不小心，撞進了漁網裡。

這時，小伙子呆呆地望著浪花出神，以為自己看花了眼睛，又用手揉了揉。

突然，眼前一亮，海底下的海藻泥沙、龜鱉蟹蝦，看得清清楚楚、明明白白。他正感到奇怪，只見一群黃魚迎面游來，就高興地大聲喊道：「黃魚！一群大黃魚！老大，快下網呀！」老大不相信，搖搖頭，沒理他。

眼看黃魚群從船底游過去了，小伙子婉惜地說：「可惜，真可惜！」話聲剛落，又看見一群黃魚朝漁船游來，他大喊起來：「老大，快下網，是大黃魚呀！」老大半信半疑催大家撒下漁網，不到一袋煙功夫，小伙子拍著雙手笑得合不攏嘴：「進網了，快拉網呀！」漁網往上拉，嘩啦一陣響，網袋浮上海面，金燦燦，亮閃閃，滿滿一網大黃魚。掏呀掏呀，一夜掏到大天亮，足足裝了一滿船。

從此，島上的漁民都傳開了，說小伙子的眼睛能看

到海底的魚群。大家都歡喜跟小伙子出海，他說哪裡有魚，漁民就往哪裡撒網，網網不落空，次次滿載而歸。

於是燕窩島上的漁民日子越過越興旺，人人感激小伙子。但這可嚇壞了東海龍王，急忙找來龜丞相商討對策。

龜相搖著頭說：「這事難辦！那個小伙子救了三公主，三公主贈他一對神眼珠。」他把三公主如何聽到笛聲，如何落網遇救的經過說了一遍。

龍王聽罷，沉吟片刻說：「每天奉送幾擔海產以報答救命之恩未嘗不可，但怎可贈送神眼珠！不行，神眼珠要收回！」

龜相為難地說：「收回神眼珠，小伙子雙目要失明，恐怕三公主不會答應！」

龍王不耐煩地說：「那該怎麼辦？」

龜相湊近龍王，如此這般地咬耳細語一陣，龍王無可奈何地歎了口氣說：「事到如今，也只得如此了！」

一天，風和日麗，海天蔚藍，小伙子帶著島上的漁船揚帆出海。他日吹漁笛，眼望海底，船剛到洋地，迎面就游來了魚群。小伙子手持漁笛，指點撒網，誰知魚群嘩地一調頭，順潮而去。小伙子把櫓搖得像陣風猛追不放，追呀追呀，一直追到外洋。

突然，天上升起團團烏雲，海上刮起陣陣猛風，風呼呼，浪嘩嘩，一個巨浪捲走了小伙子。大家焦急地呼

喊著：「小伙子！小伙子！」

小伙子隨浪飄蕩，只覺得天昏昏，海茫茫，不知飄蕩了多少辰光，不知飄到了什麼地方：他定睛一看，眼前有一幢富麗堂皇的宮殿，龜相站在宮門前迎接：「浪花跳，貴客到，快進宮裡歇一歇！」接著，宮門裡閃出一群宮女，簇擁著小伙子進了宮殿。宮殿裡早就擺下了一桌酒筵，龜相請小伙子入席，端起酒杯，滿臉堆笑地說：「恭喜！恭喜！」

小伙子穩了穩神說：「遇難落海，還道啥個喜？」

龜相說：「龍王招駙馬，這不是天大的喜事嗎？」

小伙子輕蔑地說：「我是個窮漁郎，龍王招婿與我何關？」

龜相呵呵笑道：「通靈性的黃神魚就是美麗的三公主，患難相救，終身相配！」

小伙子一聽，又喜又驚，但轉而一想，門不當，戶不對，公主怎能配漁郎？他淡淡一笑說：「公主金枝玉葉，到人間吃不起苦。」說罷就要離席而去。

龜相忙伸手一欄：「既然來了，何必再走？」

小伙子不依，一定要走，龜相急了，把臉一沉，喝道：「龍王有旨，不願留住龍宮，只好收回神眼珠！來呀！」

隨著喊聲，一隊墨魚圍了上來，猛地噴出墨汁。小

伙子只覺得雙眼一陣劇痛，昏死在地。

過了很久很久，小伙子才緩過氣來，他慢慢睜開眼睛，只覺得一片漆黑，摸摸地上，全是沙子。小伙子雖然回到了家鄉，卻雙目失明了，再也不能出海捕魚了，他心裡充滿著憂傷和憤恨，常常獨自一人無聊地坐在海邊，吹著心愛的漁笛。

夜深人靜，三公主被一陣笛聲驚醒，她側耳靜聽，不覺雙眉緊鎖，心裡不安起來：以往的笛聲是那麼悠揚愉快，今天卻如此憂傷淒慘！她匆匆離開龍宮，循著笛聲來到海邊，猛見小伙子雙目失明，頓時明白了父王許婚的用心。她又恨又愧，扶起小伙子，一字一頓地說：「走，我們回家去！」

小伙子只是呆呆地站著，臉上毫無表情，好像什麼也沒聽見。三公主急了：「既已許婚，你我就是夫妻！你不帶我回家，叫我到哪裡去？」

小伙子長長地歎了一口氣說：「我雙眼失明，怎麼好連累你？快回龍宮去吧！」

「不！我絕不回龍宮，寧可守著你一輩子！」

小伙子心裡萬分感激，嘴裡還是一個勁地催她快走。

三公主低頭沉思良久說：「好吧！若一定要我走，那就讓我再看看你的眼睛！」

　　小伙子聽她答應了，便順從地躺在沙灘上。三公主張開嘴巴，射出一道異光，噗的一聲，一顆龍珠落在小伙子的眼睛上。龍珠滴溜溜地打轉，小伙子眼珠裡的毒汁一滴一滴的往外淌，眼珠閃爍出一道亮光，越來越明亮，毒汁粘在龍珠上，異光燦爛的龍珠越來越暗淡！最後變成了一顆小黑球。

　　三公主失去龍珠，渾身發軟，撲通一聲跌坐在沙灘上。小伙子雙目復明了，睜眼看見三公主癱坐在沙灘上，花容憔悴，喘息不停，一時慌了手腳，忙問：「你怎麼了？你怎麼了？」

　　三公主兩眼含淚，憂鬱地說：「龍珠失明，我只好重返龍宮養身，你我要想再見，難呀！」

　　小伙子難過得說不出話來，他一把扶住三公主說：「為了救我，妳竟獻出寶珠，這可如何是好！」

　　三公主臉色慘白，微微一笑說：「你雙目復明，我也放心了！待我返回龍宮，懇求父王每日奉獻海產萬擔！」說罷，漸漸地現出龍形，嘩一聲，向大海深處游去。

　　據說，東海龍王拗不過女兒的請求，終於答應每日奉獻海產萬擔，算是報答小伙子的救命之恩！

禿尾巴老李的故事

　　很久很久以前，山東小塢溝還是個只有幾戶人家的小村莊，村裡有個李老好，兩口子勤勞儉樸，日子過得倒很寬裕。只是夫妻倆都三十多了還沒有孩子，一提這事，兩口子就直歎氣。

　　有一天，妻子對丈夫說「有了」，李老好高興得不得了，不讓妻子做飯，不讓妻子幹活，妻子動一動他都怕「有個閃失」。

　　這樣侍候了十個月、十二個月，到了滿二十四個月這天，天灰濛濛，風大雨急，劈雷閃電，妻子要生了，疼得翻身打滾，一會兒，妻子肋下鑽出一條小黑龍。

　　小龍落生，在床上撲撲搖搖，身子眼見越長越大，妻子一看，嚇得暈死了過去。李老好盼妻子生個大胖小

子，沒想到卻生了個怪物，妻子又死了，李老好又氣又難受就揚起拳頭向小龍砸去，一下就把尾巴給砸掉了。

那小東西是有神的靈性，看到娘死了，爹氣了，就很傷心，知道這個家容不下他，就一步一回頭的走了。

他來到一條江，叫白龍江，原是一條白龍鎮守。這條白龍很霸道，不僅不幫百姓造福還年年要貢品，百姓都對他敢怒而不敢言。白龍見小黑龍來到自己的地盤，就想把他趕出去。小黑龍生了氣，說道：「你不好好招待我，還打我。」於是兩個就在江底打了起來。

小黑龍年幼力小，又沒經歷過爭戰，交手不多時，就氣喘吁吁，力不能支了，他戰敗了，悶悶不樂的進了深山，看見有個挖藥的老人躺在地上。

這老人原是山東人，因家鄉連年乾旱，又逢兵荒馬亂，在家無法生活，便逃出關裡，到這深山老林採藥挖參度日，在白龍江邊蓋了兩間草房生活。

一晃十幾年過去了，手裡也有了些積蓄，他想再挖些參，多積些銀子好回山東。今天一早自己進了深山，挖了一株大人參很值錢，不料在下山的路上被強盜一棍子打昏，劫去了人參。

俗話說，老鄉見老鄉，兩眼淚汪汪。小黑龍也把自己的身世告訴了老人。老人聽了大驚，納頭便拜：「小

老頭兒肉眼凡胎，不識上仙真面目，該死！該死！」

　　小黑龍倒被老頭逗笑了，急忙扶起老人：「老伯！我雖是龍，但有姓，姓佔百家姓第四個字；有家，家在人間村舍中；有父，父是平民莊稼漢；有母，母是農家貧窮女，不是和您一樣嗎？只是我體形怪異，離水不行，可恨那白龍不容我住。」

　　山東人講義氣，老人聽小黑龍這麼一說，就說：「這好辦，我幫你。」老人就跟小黑龍把辦法說了一遍。

　　第二天，他們準備妥當，小黑龍便躍進江中現了原身去找白龍。白龍出了水府，見是小黑龍，哈哈大笑：「我的手下敗將，莫非回來送死？」

　　小黑龍道：「此次和你決一死戰，分個高低，要是敗給你，我情願躺在你面前，讓你碎屍萬段。」

　　白龍更加得意：「好！君子口裡無戲言，即是這樣，我也立個誓：你要贏了我，我就遠走他鄉，絕不復回，把這水府永遠讓給你。」

　　二龍擊手打掌後，就拉開架勢打了起來。他們各自用著全身的力氣，使著全身的解數。二龍相鬥，真是一場惡戰。

　　站在江岸上的老人，見江水像開了鍋，知是小黑龍和小白龍開了戰。兩眼就盯著江面，不一會兒，「呼

啦」翻起了白浪，他急忙將石灰撒下。又過了會兒，黑浪掀起，他趕忙將饅饅扔過去。

就這樣，他不時地向江裡撒石灰、丟饅饅。二龍在江裡拚命撕殺，白龍見小黑龍要浮上水，就想竄過去壓住他，剛抬頭就被石灰迷了眼睛。小黑龍覺得餓了，趁白龍揉眼之機，往上一竄，張口吃下老人丟下的饅饅，頓時有了力氣，如此大戰三天三夜，小黑龍不時吃著饅饅，力氣有增無減，越戰越勇；白龍被石灰多次迷眼，肚子又餓，漸漸力不能支，最後只好敗陣，竄出江面，騰在空中，駕雲施風，暴雨隱著身形，奔走他鄉逃命去了。

白龍敗逃，黑龍入住，因此人們就把白龍江改叫黑龍江了，人們就叫他「禿尾巴老李」。後來，禿尾巴老李鎮守黑龍江，盡心盡力，兢兢業業，把整個水族和整條江治理得有條有理，按季節興風布雨，幫助人們的農事耕作，他自己生活得也很愜意，只是時時思念去世的母親和那採藥的老人。

為了表示他對家鄉人的思念和敬重，凡載有山東人的過往船隻，到了江心，他就送上一條大鯉魚。船家在開船前總是先問問乘客中有沒有山東人，有山東人就風平浪靜，穩穩當當，沒有山東人那就難說了。

那跳上船板的大鯉魚，當然誰也不吃，船家雙手捧起，向著乘客喊道：「禿尾巴老李給山東老鄉送禮了！」然後再放回江裡，這習俗直到民國時還保持著呢！

43 小黃龍

霧濛濛的紫雲洞裡住這一條老黃龍，老黃龍年輕時做了很多壞事，現在年紀老了，也懶得動了，便整天躲在洞裡睡大覺。

紫雲洞裡還有一條小黃龍，小黃龍沒爹沒娘的，從小給老黃龍做奴僕。老黃龍怕小黃龍逃走，從來不肯讓他走出洞口一步，就是在他睡覺的時候，也用一隻龍爪

抓著小黃龍的脖子，生怕他逃出自己的龍爪。

有一回，老黃龍睡得很熟很熟，小黃龍輕輕地從老黃龍的龍爪裡滑出來，跑到洞口，龍尾一甩，罩在洞口的紫雲便散了開。他走出洞外，看見那青青的山，藍藍的水，綠油油的莊稼，紅艷艷的花朵，心裡高興極了，便在山上打個滾，馬上變成年紀輕輕的小後生。小黃龍看看自己赤裸裸的身體，背上還留著鱗片，便隨手扯了兩朵紫雲，吹口氣，變出一套紫色衣褲，穿在身上。

身穿紫色衣服的小黃龍走下山坡，看見一個放牛娃坐在地上哭，於是就問：「小弟弟，你為啥哭呀？」

放牛娃用手背擦擦眼淚，說：「我把財主二爺的一頭牛給丟了，他逼我賠牛，我去哪裡找牛啊！」

小黃龍說：「沒有牛就算了，哭也沒用呀？」

放牛娃說：「財主二爺說過，如果三天不賠牛，他就要用棒子打死我！」

小黃龍聽了，想了想說：「小弟弟不要哭了，我替你賠牛吧！」

放牛娃摸摸頭停止了哭泣，跟著小黃龍走了。

小黃龍帶著放牛娃，走進林子，看見有個老頭兒坐在樹下哭，就問：「老伯伯，你為啥哭呀？」

老頭兒乾咳了兩聲，說：「我少給財主二爺兩擔

租,剛才他逼我繳租,我沒有穀!」小黃龍說:「沒有穀就算了,哭也沒用呀?」

老頭兒說:「財主二爺說過,三天內繳不齊租,他要抓我去坐牢的!」

小黃龍聽了,想了想說:「老伯伯不用愁,我替你繳租吧!」

老頭兒站起身來,也跟著小黃龍走了。

小黃龍帶著放牛娃、老頭兒走過石路,看見有個老太婆坐在屋前哭,就問:「老大娘,你為啥哭呀?」

老太婆抹把鼻涕,說:「我欠下財主二爺三筆帳,剛才他逼我還債,我沒有錢!」

小黃龍說:「沒有錢就算了,哭它做啥呢?」

老太婆說:「財主二爺說過,三天內還不清債,他就要拆我房子!」

小黃龍聽了,想了想說:「老大娘別傷心,我替你還債吧!」老太婆揮揮衣裳,也跟著小黃龍走了。

他們走到財主二爺家門口,老太婆、老頭兒、放牛娃見小黃龍還是兩手空空的,都感到很奇怪於是就問:「財主二爺和我要東西呀,你什麼都沒有,拿什麼替我還財主呀?」

小黃龍神祕的笑著說:「老伯伯,老大娘,小弟

弟，我先問你們：財主二爺最喜歡的是什麼？」

老頭兒、老太婆、放牛娃一起回答：「財主二爺最喜歡元寶！」

小黃龍在腳髁骨上一拍：「那就對了，我什麼都沒帶，但是我有金子呀！有了金子不就可以給你們繳租、還帳、賠牛了嗎？」說著，暗地裡把手伸進自己衣裳，一揭，從身上揭下一片金鱗片，再一揭，又揭下一片金鱗……

老話說，「龍怕揭鱗」。小黃龍自己揭自己的鱗，該有多麼痛呀！但他咬緊牙關忍住痛，把一身金鱗片全揭下來，分給老頭兒、老太婆和放牛娃。

他們一起走進財主二爺家裡，財主二爺見了就嚷嚷：「喂，你們來得正好，放牛娃，快還我的牛來！老頭兒，還我的租來！還有老太婆，快還我的錢來！」

老頭兒、老太婆、放牛娃分別把金鱗片給財主二爺。財主二爺捧著一兜子金鱗片，皺起眉頭直嘀咕：「金片好，金片亮，可惜零零碎碎不像樣！」

小黃龍插嘴說：「財主二爺呀，廳堂上升起火苗苗，把金片熔成軟膏膏，鑄它一個大得抬不出門的大元寶！」

財主二爺一聽樂極了，笑得眼睛都瞇成一條縫了，

嘴角都快裂到耳朵邊。

　　小黃龍出了財主二爺的門，眨眨眼睛想想，就朝老頭兒說：「老伯伯，我認你做親爺吧！」老頭兒捋捋鬍鬚，笑呵呵的答應了。

　　小黃龍又向老太婆說：「老大娘，我認你做親娘吧！」老太婆樂呵呵地也答應了。

　　小黃龍回過身來，摸摸放牛娃的頭，說：「小弟弟，你認我做哥哥吧！」放牛娃高興得緊緊摟住小黃龍的脖子，不停的喊著哥哥。

　　從此，老頭兒、老太婆、放牛娃和小黃龍就生活在了一起，他們過著幸福的生活。然而小黃龍卻很奇怪，他跟老頭兒學種莊稼，只鋤旱地，不耕水田；幫老太婆做雜活，只肯劈柴，不願挑水；和放牛娃去放牛，只走橋上，不下溪灘，三人都覺得很奇怪，卻不明白他到底是為了什麼，而那個貪財的財主二爺自從得了那些金鱗片，整整發了三天呆。

　　第四天，他叫家人燒旺一隻大火爐，擺在客廳上，想把金鱗片熔鑄成一顆大元寶。他又擺下酒席，把有錢有勢的親戚朋友都請來，要當著大家的面誇誇富。哪知金鱗片一倒進火爐裡，只聽「呼」的一聲，火苗竄起三丈三尺高，馬上燒著了正梁大柱，一眨眼工夫，財主二

爺家的房屋就被燒成了一片平地！

　　事情原來是這樣，小黃龍實際上是條火龍，他身上的鱗片就是「火龍鱗」。火龍鱗碰著了火，一旦燒起來是很難撲滅。財主二爺家著了火，燒得煙霧瀰漫，濃煙一團一團地往天上冒，濃煙一直飄過三座山頭，最終飄入紫雲洞。煙火味鑽進老黃龍的鼻孔裡癢癢的，就打了個噴嚏，它打個噴嚏不要緊，只見「呼」的一下子，火焰從紫雲洞裡衝出來，把三里路內的樹木莊稼都燒得精光。

　　老黃龍打了噴嚏就醒過來了，它吸吸鼻子，聞聞氣味，覺得有點不對頭，忙喊小黃龍，可是黑黝黝的洞裡早就沒有小黃龍的影子啦。

　　老黃龍氣炸了，急忙鑽出洞來尋找。老黃龍飛騰在空中，東張西望，飛過一座又一座山頭，一直飛到正著火的財主二爺家的上空，它仔細看看，說：「啊呀，這可是財主二爺家的房子呀！財主二爺逢年過節都供我三牲福禮，我每次出來吐火都不燒他家房子的，怎麼今天會自己燒起來了呢？」

　　它又仔細嗅嗅，嚷道：「這是『火龍鱗』著火的氣味呀，一定是小黃龍幹的好事！我一定要找到他，把他給掐死！」

　　老黃龍在天上飛來飛去，但怎麼也找不到小黃龍，它非常生氣，呼哧呼哧地不住喘氣，鼻孔嘴巴裡呼呼地噴出火焰，這下杭州城可遭殃了，城裡城外方圓幾十里的地方馬上就燒成了一片火海，把糧食、衣裳、房屋都燒了，人們沒有了吃的、穿的和住的，日子就過不下去了！

　　小黃龍知道這一定是老黃龍作的惡。他悶著頭想了一個下午，終於鼓起勇氣，對村裡的人們說：「鄉親們，火龍太兇惡了，火龍太作孽了，大家齊心合力去降伏他吧！」

　　大家聽了都說：「火龍是神，怎樣才能降伏他呢？」

　　小黃龍說：「土剋水，水剋火，火龍怕水，大家到西湖裡把水挑來，我帶你們去尋火龍！」

　　主意一出，就像一陣風刮過，前後左右村裡的人，人人都知道了。當天晚上，人們扛的扛，抬的抬，挑的挑，一霎時把西湖裡的水全汲乾了，大家緊跟著小黃龍，跌跌撞撞地往紫雲洞上擁去。

　　而此時此刻，老黃龍正在洞裡睡大覺，外面的動靜他一點也不知道。人們爬上山坡，只見一片霧矇矇的，尋來尋去也尋不到紫雲洞的洞口。小黃龍雙手對著雲霧一揮，罩在洞口的紫雲便散開了。大家急忙往洞裡倒

水，澆呀，潑呀，水嘩啦嘩啦往紫雲洞裡灌進去，一會兒就漫到洞口。老黃龍被泡在水裡，不一會就死了。

大家七手八腳往洞裡澆水，人人都濺得一身濕，也濺了小黃龍一身水珠兒，小黃龍只覺頭昏腦脹，身子發軟，站立不住，當老頭兒、老太婆、放牛娃急忙去攙扶時，只見他頭上露角，手腳變爪，現出了原形，「骨碌碌」滾下山坡，在山腳下死了。這時老頭兒們才恍然大悟：那年輕的小後生，原來是火龍變的。

老黃龍被除掉後，全城的火便熄了，但是小黃龍為大家送了性命，真叫人難過呀！三百六十個村的人齊集攏來，把小黃龍埋在山坡下。

人們邊鏟泥土，邊掉眼淚。小黃龍被埋在了泥土裡，築起一座高高的墳堆，成千上萬人掉下的淚珠，透過厚厚的泥土，滲進小黃龍的心窩裡，他心窩裡裝不下了，就從嘴巴往外面溢出來，漸漸地墳堆裂開一個小洞口，從小洞口裡掛下一條小瀑布，嘩嘩地流著清水，終年不斷。

後來，人們為了紀念小黃龍，就在那小瀑布上塑了一個龍頭，讓水從龍嘴巴裡流出來，埋小黃龍的那片地方後來便被叫做「黃龍洞」。

44 打龍王

原先錢塘江的潮漲時，跟其他各地的江潮沒什麼不同，既沒有潮頭，也沒有聲音。有一年，錢塘江邊來了一個巨人，這個巨人非常高大，一邁步就能從江這邊跨到江那邊。

他住在蕭山縣境內的蜀山上，人們不知道他叫什麼名字，因為他住在錢塘江邊，於是就稱他為錢大王。錢大王力氣很大，他扛著自己的一條鐵扁擔，常常挑些大石塊放在江邊，沒過多久，江邊就堆起了一座一座的山。

一天，他去挑自己在蜀山上燒的鹽，可是，這些鹽只夠他裝扁擔的一頭，那另一頭怎麼辦呢？他正好看見旁邊有一塊大石頭於是就在扁擔的另一頭繫上了這塊大

石，然後放上肩去試試正好，就挑起來，跨到江北岸上來了。

這時候正趕上正午時刻，天氣很悶熱，錢大王因為才吃過午飯，走的也有些累了，便放下擔子歇歇，沒想到竟打起瞌睡來。正巧，東海龍王這時出來巡江，潮水漲了起來。漲呀漲的，不一會竟漲到了岸上來，錢大王的鹽就慢慢的被溶化了。

東海龍王湊起鼻子聞了聞，水裡哪來這股鹹味呀，而且愈來愈鹹。他實在受不了於是返身就逃，逃到海洋裡，海洋的水也被弄鹹了。

而這位錢大王呢，睡了一覺，兩眼一睜，看見扁擔一頭的石頭還在，而另一頭的鹽卻沒有了！錢大王找了半天，找不著鹽，一低頭，聞到江裡有鹹味，他想：哦，怪不得鹽沒有了，原來被東海龍王偷去了，於是他舉起扁擔就打海水。

一扁擔打下去海裡的大小魚兒都被震死了；第二扁擔打下去江底翻了身；第三扁擔打得東海龍王冒出水面求饒命。東海龍王戰戰兢兢地問錢大王，究竟為什麼發這樣大的脾氣。

錢人王說：「你偷了找的鹽把它偷到哪去了？」

東海龍王這才明白海水變鹹的原因，於是連忙向錢

大王賠罪，並把自己怎樣巡江，怎樣把錢大王的鹽無意中溶化了，使得海洋的水也鹹起來的事情說了一遍。

錢大王心裡很生氣，真想舉起鐵扁擔，一下把東海龍王砸爛了才甘心。但見到東海龍王慌得連連叩頭求饒，並答應用海水曬出鹽來賠償錢大王，並承諾以後漲潮的時候就叫他起來，免得錢大王再睡著了聽不見。

錢大王覺得這兩個條件還不錯，於是便饒了東海龍王，並把自己的扁擔向杭州灣口一放，說：「以後潮水來就從這裡叫起！」東海龍王連連答應，錢大王這才高高興興地走了。

從那個時候起，錢塘江的潮水一進杭州灣，就伸起脖子，「嘩嘩嘩」地喊叫著，漲到錢大王坐過的地方，脖子伸得頂高，叫得頂響，而這個地方就是如今的海寧。舉世聞名的「錢江潮」就是這樣來的。

鯉魚跳龍門

　　在很久以前，龍溪河畔的鄉民，男耕女織，過著安居樂業的美滿生活。然而這樣寧靜安樂的生活被飛來的一條大黃孽龍給打破了，它作惡多端，從此人們過著膽顫心驚的日子。它不是呼風喚雨破壞莊稼，就是吞雲吐霧殘害生靈，把整個峽谷搞得烏煙瘴氣，不得安寧。

　　每年六月六日它的生日這天，更是強迫人們獻上一對童男童女和十頭大黃牛，一百頭豬、羊等物供它享用。如果不服從它的要求，它就發怒作惡，張開血盆大口，竄上村莊吞噬人畜，破壞田園，害得寧河黎民怨聲載道，叫苦連天。可是又沒辦法剷除這條惡龍，於是只能忍氣吞聲。

　　當時在峽口龍溪鎮上住著一位聰明伶俐的小姑娘，

名叫玉姑，她下定決心要把這條惡龍除掉。於是便到處尋找仙人幫忙，有幾次，她登上雲台觀去找雲台仙子求救，但都未找著。可是她仍不灰心，繼續去找。

這天清晨，她登上雲台觀，仙子被玉姑心誠志堅的精神感動了，就出現在她眼前，向她指點說：「離這兒千里之外有個鯉魚洞，你可前去會見一位鯉魚仙子，她定能相助於你。」

玉姑辭別雲台仙子，跋山涉水，歷盡千辛萬苦，來到鯉魚洞中，找到鯉魚仙子，向她說明來意。

鯉魚仙子對玉姑說：「你想為民除害，這是件大好事，可是必須犧牲你自己啊！你願意這樣做嗎？」

玉姑毫不猶豫地說：「只要是為鄉親們除害，消滅那惡龍，哪怕是上刀山，下火海，粉身碎骨我也願意！」

鯉魚仙子見玉姑這樣誠懇堅決，十分滿意地點了點頭，朝玉姑噴了三口白泉，她頓時變成了一條美麗剛勁的紅鯉魚。

紅鯉魚逆江而上，經過七七四十九天，游回家鄉。這天正是六月六日清晨，她搖身變回原貌，見鄉親們已準備就緒：一對童男童女，十頭大黃牛，一百頭肥羊肥豬。人們敲鑼打鼓，宛如一條長龍向祭黃龍的峽口走來，前面那一對身著紅衣紅裙的童男童女，早已哭成淚人了。

　　黃龍見百姓送到盛餐佳餚，早已垂涎三尺，得意地張開大口。就在這千鈞一髮之時，玉姑搶先上前，攔住父老鄉親們說道：「大家在此暫停等著，讓我前去收拾這個害人精。」

　　話剛說完，只見玉姑縱身跳下水中，霎時變成一條大紅鯉魚，騰空飛躍，直朝惡龍口中衝去，一下竄進它的肚中，東刺西戳，把龍的五臟六腑搗得稀爛，惡龍拚命掙扎，渾身翻滾，但無濟於事，終於被玉姑殺死了。可是，玉姑自己也葬身在黃龍腹中，就這樣玉姑用自己的生命換來了百姓的安樂。

　　從此，寧河人民又過著安居樂業的日子。百姓們為了緬懷玉姑為民除害，在峽口半山腰修起了一座鯉魚廟，至今在寧河一帶，鯉魚跳龍門的故事還廣為流傳著。

三戲海龍王

　　相傳在很久很久以前，東海上有個島，島上有個村莊叫魯家村。這個村子裡住著十幾戶姓魯的莊稼人。他們種著一些依海傍山的碗頭地，在海裡捉些沙蟹魚蝦，勉強過著日子。

　　島上天旱少雨，人們只好殺豬宰羊，到村外的龍王廟去求雨。倘若龍王高興，賜一點雨水，種田人方能得到一點好收成，這樣年年供豬獻羊，也把人們鬧苦了。

　　這一年又遇大旱，人們生活不下去，便陸續離鄉背井，外出謀生，最後只剩下魯大一家。

　　魯大夫婦倆有兩個兒子，老婆說：「魯大呀！山上的草根也焦了，樹皮也軟了，我們還是逃命去吧！」

　　「不！我想想辦法。」魯大說：「馬上要開春下種

了，季節不能錯過。」

第二天，魯大來到龍王廟，只見廟堂坍了一個屋角，端坐在上的海龍王，頭面身腰佈滿蜘蛛網，供桌也破了，當中有一個像頭一般大的洞。

魯大走到龍王像跟前，作了個揖說：「龍王呀！只怪你不通人情，弄得如今門庭冷落，香火全無，連個掃掃地、彈彈灰塵的人也沒有。要是你能下一場大雨，讓我今年秋天豐收，我許你一場大戲。你不稀罕人家用全豬全羊供你，我就供你一個活人頭，你看好不好？如好，我們一言為定，今朝就降雨。」魯大說完就回家準備農具去了。

龍王廟內，這天當值的是蟹精，他聽了魯大的一番話不敢延遲，忙回水晶宮向龍王稟告。

龍王捋著龍鬚沉吟起來：豬羊雞鴨，山珍海味，我樣樣都吃過，這新鮮的活人頭，倒值得一嘗。況且這幾年弄得我廟宇不整，香火不續，應該趁此機會興旺起來。於是招來風婆、雷公，帶了蝦兵蟹將到魯家村來布雨。

再說魯大回到家中整理農具，將近中午，一聲驚雷，頓時大雨直潑而來。這雨勢，好似東海潮漲萬頃浪，天河決口水傾瀉。雨過天晴，魯大忙著耕耘播種。

龍王為了嘗人頭味道，也暗中幫忙，叫蝦兵蟹將在魯大田中施肥除蟲，禾苗日竄夜長，到收穫季節，稻穀一片金黃，如碎金鋪滿地。魯大則忙著收割，整場翻曬。龍王穩穩地等著人頭上供。

直到大年三十，魯大才拿了一把掃帚來到龍王廟。龍王見他空手而來，心裡正疑惑，只見魯大作揖道：「龍王呀！我們有約在先，我許你一場大戲，一個活人頭，今天我帶來了，請先看戲，再吃人頭。」

說罷，便手執掃帚，在廟內手舞足蹈，前翻後滾地著實戲鬧了一番，弄得廟內塵土飛揚。龍王正想發怒，轉而一想：算了，可能他請不到戲班子，胡亂代替。還是等著嘗人頭吧！

魯大舞畢，便丟開掃帚，笑嘻嘻來到供桌前面說道：「現在請龍王吃人頭！」

說著，便趴到供桌下面，把頭從供桌的破洞裡鑽出來。龍王見供桌上突然冒出一顆人頭，好不驚奇，想吃，又不知如何下手。四面一看，連把刀子也不見，想想只有用手撕。就伸出一雙枯瘦如柴、指甲三寸長的龍爪，向魯大的頭抓去。

魯大一見，忙把頭一縮，笑眯眯地從桌底下鑽了出來：「龍王啊：你戲也看了，頭也嘗了。我呢！願也還

了。我們互不虧欠，望來年再照顧照顧。」

　　說完，拿起掃帚，揚長而去，把龍王氣得龍眼圓睜，龍鬚倒豎：「好你個窮小子，膽敢捉弄本大王，還想要我來年照顧呢？我要你顆粒無收，才能解我心頭之恨。」他吩咐蟹精：「到來年，魯大的田裡只准其長根，不使其結果。」

　　第二年，魯大剛巧種了蕃薯，多虧蟹精盡力，蕃薯長得似大腿。龍王聞聽魯大又獲豐收，便叫蟹精下次只准肥葉不使其壯根開花。可巧魯大在這次種了大白菜，那蟹精又把大白菜養得像小谷籮一般。

　　龍王兩次報復未逞反被魯大得了許多好處，氣得暴跳如雷。旁邊走出龜丞相稟道：「大王要報仇不難，只消派一個小卒前去把魯大捉來，豈不省事。」龍王一聽，拍案叫對，忙把蟹將叫來如此這般吩咐一番，打發他起程。

　　再說魯家村這一年，已是另一番景象，外出的鄉親們都已陸續回鄉。魯大家裡雖不富裕，卻也粗茶淡飯，過得下去。這蟹精來到魯大門前時，魯大夫婦正在廚房裡商量家務，只聽見魯大說：「……叫阿大提蟹去，煮熟後好當菜吃。」

　　魯大的意思是命大兒子下海去捉沙蟹，蟹精聽了卻

一生不能錯過的
中國傳奇 故事集

大吃一驚：「不好了！我都還未進門，他們都已得知，作了準備。」嚇得他連竄帶爬，逃回水晶宮，把經過加油添醋地向龍王稟告一番，說魯大是個神人，未卜先知，早有準備，要不是自己逃得快，恐怕早已沒命了。

龍王聞言，將信將疑。龜丞相在旁說：「大王不必煩惱，下官陪同大王親自前去，便知分曉。」

傍晚，龍王與龜丞相出了海面，將身子隱去，來到魯家村。龜丞相道：「大王，我從前門進去，你從後門而入，這樣魯大就插翅難逃了。」

這時，魯大剛耕田回來，把從田溝裡捉到的一隻烏龜扔給門前玩耍的孩子，自己進屋準備吃晚飯。正準備吃飯時，一位鄰居在門外高叫著：「魯大叔，你家門口的大黃（牛）跑了！」

原來是拴在後門口的大黃牛掙斷牛繩跑了。魯大一聽，連忙朝門口叫道：「阿大，把烏龜交給阿小，快拿根繩來，跟我出後門抓『大黃』去。」

前面烏龜丞相一聽，魯大要把自己交給阿小來管，還要到後門去捉大王，暗想還是溜之大吉。後門的龍王一聽，前門的烏龜已被捉住交給阿小，魯大和阿大拿著繩子來後門捉拿自己，嚇得顧不得龜丞相的死活，沒命地逃回龍宮去了。

龍王和龜丞相在海邊相遇，兩人相互埋怨，暗中又各自慶幸。從此，龍王再也不敢為難魯大了，魯家村收成也一年比一年好起來。

47

智斬獨角龍

傳說，從前在定海城東的上張家村村後的石洞裡住著一條獨角龍，十分兇惡殘暴，還經常變成美男子，半夜三更闖進民宅作怪。

這獨角龍原來是東海龍王的小兒子，長得很醜，卻又特別喜歡尋花問柳，水族中一些長得漂亮的魚姑、蝦姑，見了他都怕得要死。後來，他覺得水族中已找不到

中意的姑娘了，就來到上張家村這個地方，變成一個白面書生，到處戲弄姑娘。

有一天，他路過上張家村後面的獅子山，看到山腳下有個包子店，便進店歇歇腳，買幾籠包子填填肚。

這包子店是個姓李的寡婦開的，李寡婦年紀三十多，上無公婆，下無子女，一個人靠賣包子過日子。獨角龍見她長得十分標緻，就每天來店裡買包子吃，一面吃包子，一面和李寡婦搭話。

這樣天長日久，李寡婦就被勾引上了，成了獨角龍的相好，獨角龍也不願意回龍宮去了，就在獅子山南邊找了個山洞，白天進洞睡大覺，夜裡溜進村來與李寡婦鬼混。

日子久了，李寡婦也變得越來越老，已經不是當年的漂亮女子，獨角龍開始冷落她，就到村裡去另找新歡。有一次，一個名叫趙嬌嬌的姑娘路過上張家村。這姑娘學得一身好武藝，跑在江湖上，走南闖北，專行俠義之事。

她走了一天的路，人累了，肚子也餓了，就進店來買包子充飢。正巧碰上獨角龍也在店裡。獨角龍見嬌嬌年輕又漂亮，口涎拖得三尺長。他搖身一變，變成店小二模樣，替李寡婦送出一籠熱騰騰的包子來，暗中已把

一包迷魂藥撒進包子裡。嬌嬌肚子餓得咕咕叫，只顧抓來就吃，不一會兒工夫，一籠包子吃得精光，可是人也迷迷糊糊的睡著了，獨角龍好不歡喜，抱起嬌嬌就走。

回到山洞裡，獨角龍現出本相，眉開眼笑地對著嬌嬌吹了一口涼風，喊著：「姑娘醒醒，姑娘醒醒！」

嬌嬌打個呵欠，睜開雙眼一看，四周黑漆漆的，面前站著一個黑怪物，知道自己吃了虧，厲聲問道：「你是什麼東西？膽敢捉弄本姑娘！」

獨角龍見姑娘醒來，嬉皮笑臉地上前說道：「姑娘別怕，我是東海龍王的七太子，你我今生有緣，姑娘進我洞府，有享不盡的榮華富貴！」

嬌嬌畢竟是個闖過江湖、見過世面的女俠，聽了這怪物的話，心裡雖害怕，表面卻十分鎮靜。她想，既然身陷魔掌，想一下子脫身不可能，雖然自己學得一身武藝，且有祖傳金鏢帶在身上。可是，這怪物滿身鐵鱗鐵甲，金鏢也難破它的皮肉，眼下只有慢慢尋找機會，制服惡龍。

於是對獨角龍說道：「龍爺呀龍爺，你是龍仙，我是凡人，怎麼能配婚？要是讓老龍王知道了，說你違犯龍宮規矩，豈个害你受罪嗎？」

獨角龍一聽，氣呼呼地說：「天上的七仙女都不怕

違犯天規，敢與凡間董永婚配，我龍七太子就不能娶個凡間女子做老婆嗎？」

嬌嬌又說：「龍爺呀龍爺，可惜你全身上下穿著鐵鱗鐵甲，沒一點肉皮見著，想成婚也難呀！」

獨角龍一聽姑娘心動了，高興得手舞足蹈說：「這有何難？只要我把喉嚨底下三片龍鱗揭下來，就可變成凡夫肉身的美男子。剛才我在包子店裡給你送包子，你不是見過了嗎？」

「噢，剛才那送包子的店小二就是你龍爺變的？倒是蠻英俊的。」嬌嬌接著又嗲聲嗲氣地說：「龍爺呀！你真有那麼大本領嗎？我還是不大相信：古人常說，口說無憑，眼見是實，你有真本事，再變給我看看！」「你還不相信？那我就當場變給你看！」

獨角龍邊說邊舉起爪來，揭去喉嚨底下的那三片龍鱗。嬌嬌見獨角龍對自己毫無戒心，當他伸長頭頸揭去龍鱗的時候，嬌嬌迅即飛出一支金鏢，不偏不倚，正刺中獨角龍的七寸咽喉。獨角龍一聲長嘯，兩顆龍眼烏珠凸了出來，龍尾巴在石洞裡一陣亂甩，便一命嗚呼了。

嬌嬌殺死了獨角龍，為民除了害，人們都很感激她，「嬌嬌智斬獨角龍」的故事，一直在當地民間流傳下來。

48

煮海治龍王

很久很久以前,傳說舟山西南面的一個小島上遍地埋著黃燦燦的金子,所以人們稱它「金藏島」。這滿島藏金子的消息不知怎麼被貪得無厭的東海龍王知道了。他為了獨吞這滿島的藏金,就調遣龍子龍孫、蝦兵蟹將,作風、漲潮、鼓浪,直向金藏島撲來。眨眼間,烏雲漫天,惡浪滔天,狂風大作,金藏島上樹倒屋坍,海上漁船顛覆,人們苦不堪言,一派淒慘景象。

金藏島東面有座紡花山,山上住著一位紡花仙女,她目睹東海龍王無端作惡,殘害百姓,心中忿忿不平。於是她手拿神帚,朝海面輕輕一拂,漫上山來的滾滾潮水、滔滔巨浪,就「嘩」的一聲向後倒退了。金藏島上倖存的男女老少,都紛紛逃往紡花山避難。

　　紡花仙女搖身一變，化作一位白髮蒼蒼的百歲老阿婆，拄著枴杖對大家說：「龍王水淹金藏島，讓我們大家受苦，要保住金藏島，我們就得紡花。紡花織成漁網，下海鬥敗龍王！」

　　大家相信百歲阿婆的話，不論男女老少都來紡花織網。紡呀織呀！整整忙了七七四十九天，織出了一頂九九八十一斤重的金線漁網。

　　漁網織成了，派誰下海去鬥龍王呢？大家看著漁網面面相覷，因為誰也掄不動這個大網。這時候，人群中跳出一個小孩，拍著胸脯說：「我去！」

　　鄉親們一看是海生，不禁心裡涼了半截。海生是個七、八歲的小孩子，乳臭未乾，還穿著開檔褲呢！怎能下海鬥龍王？

　　紡花仙女卻樂呵呵地說：「下海鬥龍王，貴在有膽量，就讓海生去吧！」

　　準備了一下，海生要去鬥龍王了。紡花仙女拿出一套金線衣，給海生穿上，又向海生傳授了鬥龍的祕訣。

　　海生穿上金線衣，頓時覺得全身力大無窮，他遵照紡花仙女的囑咐說了聲：「大！」頓時海生渾身上下的肌肉一塊塊鼓了起來，越來越大，海生也越長越高，一下子變成了一個力大無窮、頂天立地的巨人。

　　眾鄉親一個個看得目瞪口呆。這時，海生毫不費力地拿起那頂九九八十一斤重的金線漁網，辭別紡花仙女和眾鄉親，邁開大步，奔下紡花山，「撲通」一聲跳進了汪洋大海。

　　海生到海裡後，游到哪裡，哪裡的潮水海浪就為他讓路。原來海生穿的金線衣是紡花仙女特地為他編織的避水寶衣！這下海生順風順水，邁開大步，不一會兒工夫，海生來到海中央，取出金線網往下一拋，說聲：「大！」

　　那網鋪天蓋地的撒向大海，萬萬想不到，第一網收起，就擒住了東海龍王的護寶將軍——狗鰻精。海生聽紡花仙女說過，只要擒住狗鰻精，就可得到煮海鍋，有了煮海鍋，就能煮海治住海龍王，保全金藏島。

　　他開心極了，命令狗鰻精快快交出煮海鍋來！狗鰻精是個老奸巨猾的東西，他跟海生兜圈圈，耍心眼兒，海生看他不服從，就命令金線網越縮越小，被罩在網中的狗鰻精痛得死去活來，為了活命，只得乖乖地帶著海生到東海龍宮的百寶殿去拿煮海鍋。

　　百寶殿金光萬道，殿內一排排的大缸，缸缸盛滿了奇珍異寶。海生什麼都不看，就拾起角落裡一只黑乎乎的煮海鍋，就急匆匆回紡花山來了。

海生和大家一起按照紡花仙女的指點，在海邊支起煮海鍋，舀來一勺東海水，燒旺一堆乾柴火，不停的煮起來了。一炷香過去了，海水冒出熱氣；二炷香過去了，海水起了白泡；三炷香過去了，煮的東海龍王實在受不了了，老老實實浮出水面，後面跟著一幫氣喘噓噓的紅頭紅臉的龍子龍孫、蝦兵蟹將，直喊饒命！

海生說：「退潮息浪，還我金藏島，否則，我就煮爛你這個海龍王！」東海龍王連連打揖求饒，急忙下令潮退三尺，浪息三丈。金藏島終於又露出水面重見天日。

誰知，等海生端開鍋，熄了火，海龍王又突然漲潮鼓浪，一個浪頭將煮海鍋捲得無影無蹤了。

「怎麼辦？」海生急得直跺腳。他這一腳非同小可，跺得地動山搖！所有埋藏在地下的金子，都被海生跺了出來，紛紛飛向海岸，落在灘頭。眨眼之間，就變成了一座金光閃閃的大海塘，任憑潮湧浪翻，金塘巍然屹立，紋絲不動。

自此以後，海龍王害怕海生，只好收手，不敢來興風作浪，黎民百姓也可安享太平，而「藏金島」也被人們改稱為「金塘島」了。

49 龍外孫的傳說

　　東海漁民很喜愛打扮自己的漁船，船舷兩側都畫著漂亮的圖案，各家的船兩側的圖案各不相同，但有一點，家家戶戶船尾上畫的都是條海泥鰍，跟船兩側的漂亮圖案很不相稱。據說這海泥鰍還有個來歷呢！

　　從前，東海龍宮有條敲更魚，他成年累月在龍宮裡敲更報時，眼看龍子龍孫成雙配對，生兒育女，自己卻因為生得相貌醜陋，黑不溜秋的，年過三十，仍然光棍一條。一年到頭，抱著冷鑼，在龍宮裡敲呀敲呀……

　　有一天三更半夜，他在深宮大院間走著走著……想起自己心酸的身世，獨自一人，越想越淒慘，他一邊敲更，一邊唱起悲涼的五更調。他唱的是自己淒慘的心情，言詞真實，曲調哀傷，催人淚下。恰巧這天晚上，

皎潔的月亮懸掛高空，照得宮院裡似同白晝，彩珠公主正在樓上賞月，這時，悲涼的敲更聲從遠處傳來，傳到彩珠公主的耳朵裡。

彩珠公主雖有沉魚落雁之貌，閉月羞花之容，但是其母已失寵於龍王，連累她也受到冷遇，眼看年齡已到婚配之期，還未受聘。當她聽到那冷落的更聲、淒涼的曲調，寂寞、孤獨、悲涼，一起充塞著她的心胸，心裡常有一種說不出的滋味。似乎敲更魚歡詠的五更調，正是自己心頭想要吐出來的苦水。彩珠公主對這個唱曲的人產生了好奇心，想看看到底是什麼樣的人。

剛巧，這一個月夜，彩珠公主在珠樓的陽台上賞月，與敲更魚打了個照面。彩珠公主害羞的看了敲更魚一眼，就躲進珠樓去了，敲更魚一抬頭，看見了彩珠公主，頓時看傻了，傻乎乎地待在那裡。

敲更魚簡直不相信自己的眼睛。難道一陣風把月亮裡的嫦娥吹下海來了？還是天上的仙女到龍宮裡採珠來了？他也偷看過一些美麗的龍女公主，卻沒有一個能與她媲美。他想，這龍女也許還會在珠樓上再次出現，就一直呆呆地抬著頭，朝陽台望著，望呀望呀，一直等到天亮，也沒再見到彩珠公主。

從此，敲更魚像中了邪，天天晚上到珠樓下面來探

望。他想，總有一天龍女會再次露面。三個月過去了，龍女還是沒有露面，敲更魚神思昏昏，百思不解。彈塗魚消息靈通，跑來告訴他，說是龍女賞月龍王知道了，龍顏大怒，將彩珠公主軟禁起來了。

敲更魚這才死了心，然而，他已相思成疾，瘦得像根燈芯草，不久就鬱鬱悶悶地死了。臨終，他向好朋友彈塗魚傾訴了心事。他說：「生不能再見公主一面，死了也得陪伴在她的身旁。」

他要求彈塗魚把他的遺體偷偷埋葬在彩珠公主的珠樓下，彈塗魚依照他的心願做了。過了不久，葬敲更魚的地方居然長出一棵大海樹來，樹幹的顏色好像鐵樹，枝幹挺拔猶如翠竹，這樹一個勁兒往上長，不到半個月，枝頭碰著了珠樓的窗口。

一天晚上，海樹突然開花了，樹頂的那一朵特別大，花瓣似黑玉，香氣襲人，十里外都聞得到。彩珠公主聞到花香，好奇心作祟，伸手在窗口採摘下這朵花，用嘴嚼著把花給吃了。

彩珠公主吃完海花後懷孕了！肚子一天比一天大，這件事傳來傳去，傳到了龍王爺的耳朵裡，龍王爺是個暴君，當然不能容忍這種醜事。

他氣勢洶洶地提著劍來到珠樓要殺彩珠公主，彩珠

公主抱著大肚子直發抖。龍王爺越看越氣，舉劍欲刺，這時，彩珠公主的肚皮裡突然傳出聲音：「別殺！別殺！我自己出來！」說著，從公主口裡飛出一條似龍非龍、似魚非魚的小東西，就是海泥鰍。

海泥鰍皮膚黑似漆，全身光溜溜，一張嘴，噴出滿嘴污泥，把整個好端端的珠樓弄得一塌糊塗。龍王爺急忙命令各路兵將捉拿，可是海泥鰍光滑似油，誰也捉不住他。

正當蟹將軍舉著雙槍前來敲打時，他卻啪答一聲跳進了龍王爺的耳朵裡，從耳朵裡又竄到了龍王爺的肚子裡，在那龍王爺肚裡亂咬亂扯起來，咬得龍王哇哇直叫。

龍王疼得受不了了，只得向他討饒：「我的外孫兒呀！你別在我肚裡翻騰了，請你快快出來，本王封你當油袍將軍，管轄東海魚草的魚皇帝！」海泥鰍這才從龍王鼻孔裡鑽出來。

從此以後，在東海裡不論有鱗的無鱗的都要讓他三分，哪怕是最兇惡的大魚，見到他也要急忙迴避，不敢擾亂，都怕他鑽到自己的肚子裡去作怪。所以，從此以後東海漁民都喜歡在自己的船屁股上畫一條海泥鰍，以求大吉大利，出海平安。

百鳥衣

很久以前在三省坡上住著一個姓張的孩子，這孩子家貧如洗，孑身一人，天天上山打鳥，周圍村寨的人管叫他做張打鳥。張打鳥常常唱著一首悲傷的歌，這歌聲，鳥兒聽了鳥兒悲，魚兒聽了魚落淚。

張打鳥打靶子很準，地上跑的，樹上站的，天上飛的，無不應聲倒下。但他有條規矩，雛鳥不打，益鳥不打，歌鳥不打，只打糟踏莊稼的鳥兒，得幾隻，夠餬口就不再打。

有一年仲夏的一天，張打鳥在清水潭邊的木棉花下做了一個夢，夢見一個人面鳥身的人向他飛來，說明天正午，有兩隻鳥在空中搏鬥，要他射死黑鳥，救那黃鳥。張打鳥醒來，覺得離奇古怪，半信半疑。

第二天，張打鳥正午時分爬上山頂，向天邊望去。
一會兒，火紅的太陽給一團烏雲遮住了，天空像口黑
鍋，風一動，就下起雨來，密密麻麻的雨線中，果真有
兩隻鳥在搏鬥，黑鳥圍著黃鳥，黃鳥猛衝，拚殺，怎麼
著也突不了圍。張打鳥看到這種情景，拉弓搭箭，「嗖」
的一聲正中黑鳥腦袋，黑鳥脖子一歪，翅膀收縮，兩爪
朝上，栽進深谷去了。

　　風吹雲散，雨過天晴。黃鳥獲勝盤旋起舞，放聲啾
鳴，頓時，百鳥飛來，滿天飛翔，爭相歌唱。張打鳥也
不斷地歡呼蹦跳。

　　那隻黃鳥看到張打鳥姿容英俊，心地善良，孤苦伶
仃，便產生了同情之心，愛慕之情。從此，它每天來到
三省坡的清水潭邊，站在木棉花樹上娓娓歌唱，日子久
了，他慢慢地聽出了味兒，你聽，那黃鳥不是在說：

　　哥，哥，我愛你，

　　哥，哥，我愛你……

　　張打鳥越聽越神，越聽越像。從此，像和情人約會
一樣，張打鳥天天來到清水潭邊流連，聆聽那黃鳥的歌
唱。

　　後來，他把黃鳥逮住，做了一個精緻的籠子，把它
餵養起來，他總是不辭勞苦，到山裡找白蟻，捉蚱蜢餵

黃鳥，隆冬季節還用甜酒調雞蛋餵黃鳥。

他非常珍愛黃鳥，自從餵了這隻黃鳥後，就再不打鳥了。他拿起垂釣，上清潭邊釣魚去了。張打鳥出門後，那黃鳥就變成一位美貌的姑娘，把屋裡打掃得乾乾淨淨，沒點灰塵，然後架機穿紗，用張打鳥積下的羽毛編織百鳥衣。

張打鳥回來覺得很奇怪，莫非隔壁鄰居在幫忙，但一問大家都搖頭。

第二天，張打鳥仍舊早早起來，帶上垂釣上清水潭去了，那黃鳥又變成一位美貌的姑娘，坐到織機上編織百鳥衣，姑娘邊織邊唱，張打鳥回來又覺得很奇怪。

第三天，張打鳥又早早起來，帶著垂釣上清水潭去了。這天，他賣了一個關子，走到半路就折回來了。

張打鳥往門縫一瞧，一個比木棉花還美麗的姑娘在編織那件百鳥衣，「吱呀」一聲把門打開，那姑娘變成一隻黃鳥從窗戶飛出去了。

張打鳥急忙追去，追到清水潭邊，那黃鳥「撲通」一聲，跳到清水潭裡去了。

失去黃鳥，張打鳥悶悶不樂，第二天一早，他就上清水潭尋找黃鳥去了，但清水潭裡，波光閃閃，魚兒嬉戲，卻不見他的鳥兒。

51 千年白狐

很多年前，一個陽光明媚的清晨，一個書生坐在樹椿上正在苦讀四書五經。書生家裡很貧窮，幾乎三餐都吃不飽，家裡唯一值錢的就是那兩擔沉甸甸的書。書生每天都坐在這片林子裡，隨便尋個坐處，讀到天黑，日子一天天的就這樣在聖賢書中流逝。

有一天直到黃昏時分，書生仍在讀書，正當讀到：「書中自有黃金屋，書中自有顏如玉」時，突地「吱吱」的鳴聲隨風而來，書生抬起頭來，只見一團白影撲面而至，仔細一看是一隻雪白的小狐狸，兩顆眼珠溜溜而動，口裡哀聲連連。說也來怪，小狐狸跑到書生面前時，竟兀自停住腳步，氣喘吁吁的。

書生抱起可憐的小狐狸，只見小狐狸雪白的後腿

上，斜斜地插著一支箭，鮮血順著箭頭滴滴而下，染紅了一片。小狐狸哀鳴幾聲，雙目對著書生，充滿了哀憐與乞求。

書生看著小狐狸歎了一口氣說：「小狐狸啊小狐狸，是誰忍心傷你這麼深……」語音未落，遠處蹄聲如雷陣陣踏來，小狐狸白溜的身子不停的顫抖，彷彿要從書生手裡掙扎逃走，書生急忙捧緊小狐狸，一咬牙將箭拔出，撕下一片衣袍，將小狐狸的傷口包好，輕輕放入寬大的衣袖裡，小狐狸竟也能忍住疼痛，一動不動的躺在書生的袖懷之中。

書生剛剛端起書，只聽得馬蹄聲轟轟而至，數十匹高大駿馬踏青飛來，為頭的是一個虯髯大漢，滿身華貴地叫道：「問那書生，可曾見過一隻受傷的狐狸逃過？」書生抬起頭來：「兄台說的可是一隻滿身雪白的狐狸？」

虯髯客身旁閃出一團綠影，喝道：「正是，正是我射中的那隻狐狸，那小畜生呢？」

書生只聞香風撲面，迎面是一張如花笑臉，書生猛然間驚慌失措，意迷情亂，好半天才回過神來，指著身後結結巴巴的說：「剛剛從這邊跑過。」

少女嬌聲說道：「多謝書生！我們追！」猛　揮手，數十騎悠然而來，又悠然而去，只留下銀鈴般的笑

聲蕩在書生耳裡。

書生喃喃念道：「書中自有黃金屋，書中自有顏如玉」，啪地一聲，聖賢書掉到地上竟不察覺。

小狐狸從袖口裡伸出頭，啊啊一聲叫醒了書生，書生見它的眼裡充滿了淒美與感謝。書生收起心，輕撫狐狸，愛憐地說：「小狐狸，快躲起來，別讓人家欺負你。」小狐狸順著衣袖一溜而下，跛著腿，竟通人性，前腿合一朝書生作一個稽首，吱吱幾聲，跳起舞來，只見白影閃閃，小白狐在夕陽下翩翩起舞。

一會遠處的同伴來找小狐狸，小狐狸收住舞步，依依不捨地朝同伴而去，三步一回首漸漸消失在遠山中。書生撿起書來重新苦讀。

從那以後，書生還是每天坐在樹林裡讀書，只是每到傍晚都會聆耳細聽著什麼，每每有馬蹄聲響起時，書生都會驚喜坐起，只是他再也沒遇到過綠衣女郎。書生不知道，每天清晨，露葉旁都有一隻小白狐，瞪大著靈動的眼珠，一動不動地望著書生，書生高讀時，狐狸仍一動也不動，彷彿怕打擾了書生的修行。等到夕陽西下，遠山上彷彿有一團白影，迎著夕陽翩翩起舞，書生尋過去時，卻什麼都找不到。

日子就這樣一天又一天過去了，書生就這樣生活

著，直到他死去，再也沒見過穿綠衣的女子，她和他不屬於一個世界。大家都說：書生讀了一輩子的書，什麼也沒得到，真白讀了。書生去時孤單一人，有人卻說看到過一隻白狐曾出沒在書生的床前，又有人說每年書生祭日，墳頭都會有人拜祭。

很多年過去了，大約是一千年吧！當年的樹林剷平了，這裡剛剛建起了一座官邸。一天這裡張燈結綵，原來是新晉狀元新婚大喜的日子，聽說狀元才高八斗，連皇上都下令將公主許配給他。

當管家告訴他公主駕到時，狀元郎激動得三步並作一步，衝出門外，揭開轎門：「公主……」但見一身綠裝的公主坐在轎裡，笑靨如花。狀元一陣暈眩：公主好面熟啊！似乎在夢裡見過無數次，可卻總是記不起來。

洞房花燭夜，狀元與公主四目深情，門突地被撞開，狀元定睛一看，是從小服侍自己的丫鬟，喜歡穿一襲白衣的丫鬟走到狀元身前一稽首，眼睛裡滿是淚珠：「公子，丫鬟自幼伺候您，今日要與您道別了。」狀元猛然陣陣心痛：「為何故？」

丫鬟撩起褲腳，雪白的腿上留著一道深疤，丫鬟指著公主說；「臨走之前，想報當午一箭之仇，請公子賜恩。」

狀元大驚，雙手護住公主：「妳到底所為何事？」

丫鬟淚珠奪眶而出，淒然著望著狀元：「公子當年相救之恩，恨不能立時相報，修行千年方能變成人身，殷殷相許，今日公子金榜題名，前緣盡了，以一恩消一恨，望公子珍重。」

丫鬟再次深深稽首，禮罷退至大庭深處，翩翩起舞，但見皎皎月下，白衣勝雪，似夢似幻，舞到深處，丫鬟吱吱而鳴，聲聲淒然。明月當空，狀元彷彿看到了當年的夕陽、遠山、青山高處，那一團白影踏歌而舞，夢裡狀元滿腦是綠影姣容，夢醒時，狀元千百尋找的，可是那翩翩白影？

從那晚後，再也沒見過丫鬟，有人傳說：在遠山深處，夕照時分，總能看到有人在翩翩起舞，狀元郎也差人尋過無數次，卻再也不曾找到過。

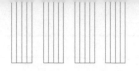

2 2 1 - 0 3

新北市汐止區大同路三段 194 號 9 樓之 1

傳真電話：（02）8647-3660
E-mail：yungjiuh@ms45.hinet.net

培育

文化事業有限公司

讀者專用回函

一生不能錯過的中國傳奇故事集

培養文化育智心靈的好選擇